I0775141

Entrenamiento de habilidades de comunicación

Cómo hablar con cualquier persona sobre cualquier tema y mejorar inmediatamente su inteligencia social, su capacidad de escucha activa y su oratoria

Índice de contenidos

Introducción

¿Qué pasaría si todos tuviéramos el mismo tono al hablar, el mismo lenguaje corporal y las mismas expresiones faciales? Imagine que nada cambiara en nuestra forma de hablar, independientemente de la situación o del mensaje que intentáramos transmitir. Sería difícil entender lo que alguien intenta decir, ¿verdad?

Una simple frase, como «¡Bien hecho!», puede utilizarse en un contexto alegre o sarcástico. «¡Eso es!» puede significar tanto «basta» como «¡Sí, lo que está haciendo está bien! Sigue así». No basta con expresar algo con palabras. Nunca sabrá lo que realmente quiere decir una persona si no intenta comunicárselo. La comunicación es una calle de doble sentido. Las habilidades comunicativas son la capacidad de una persona para transmitir un mensaje con eficacia a través de numerosas herramientas, como el tono, el contexto, el lenguaje corporal, la expresión facial, la escucha activa y la franqueza.

Ser un gran comunicador es una habilidad indispensable en la vida. Es crucial para el éxito de su carrera, para alcanzar sus objetivos personales y para mantener relaciones sanas. Mientras que algunas personas nacen comunicadoras, a otras les cuesta transmitir sus mensajes, se les traba la lengua y hablan entre dientes. La buena noticia es que se puede aprender y desarrollar la capacidad de comunicarse eficazmente, como cualquier otra habilidad.

No sólo utilizamos nuestras habilidades comunicativas cuando necesitamos transmitir una idea o expresar nuestros sentimientos. También las utilizamos cuando recibimos cualquier tipo de información.

Esto se debe a que gran parte de nuestras habilidades comunicativas dependen de nuestra capacidad para escuchar, observar, procesar, empatizar y reaccionar. Los comunicadores excelentes son conscientes de los estilos de interacción de otras personas a través de la observación de la comunicación en distintos medios, comprendiendo que esos estilos varían en función del lugar, el entorno y el medio de interacción. Algunas personas expresan sus emociones con más eficacia a través de conversaciones telefónicas que de interacciones físicas. Otras personas se comunican mejor por SMS, aunque esta forma de comunicación siempre está sujeta a malentendidos. Puede que le cueste decir lo que piensa en público, pero comparte fácilmente sus ideas en espacios privados.

Unas excelentes dotes de comunicación le garantizan que todo el mundo lo entenderá y que usted también los entenderá a ellos. Los buenos comunicadores suelen ser seguros de sí mismos y confiados. No preocuparse por la mala interpretación de sus conversaciones le quita un gran peso de encima.

La lectura de este libro le permitirá comprender mejor por qué se valoran tanto las habilidades comunicativas, sobre todo en el mundo actual. Conocerá las distintas habilidades y sus características, cómo ser un oyente activo y cómo escuchar las emociones que se esconden tras las palabras de las personas. Aprenderá por qué dominar el lenguaje corporal es la clave para sostener una conversación atractiva.

Lo mejor de este libro es que ofrece información práctica sobre cómo iniciar una conversación con cualquier persona, incluso si es introvertido. Ofrece numerosas estrategias que le ayudarán a iniciar conversaciones con otras personas dejando una magnífica primera impresión. También aprenderá a dominar el arte de contar historias, para que pueda mantener a la gente interesada y comprometida. A continuación, encontrará instrucciones paso a paso que le mostrarán cómo gestionar las discusiones y terminar las conversaciones sin sentirse incómodo.

Capítulo 1: El porqué de las habilidades comunicativas

En este capítulo, aprenderá todo lo que necesita saber sobre por qué desarrollar sus habilidades comunicativas. Conocerá las ventajas de ser un buen comunicador y comprenderá los distintos tipos de comunicación que puede utilizar. Por último, leerá sobre los diferentes estilos y cómo se pueden utilizar a diario.

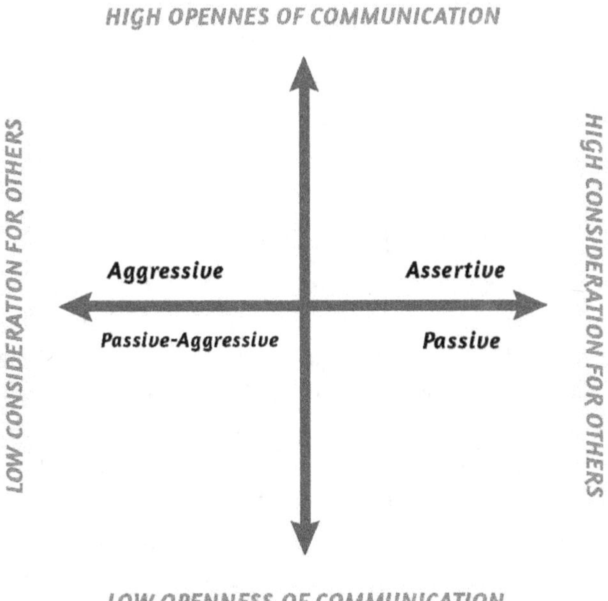

Las ventajas de tener excelentes habilidades de comunicación

Tener buenas habilidades de comunicación es un activo inestimable tanto en el ámbito personal como en el profesional. La capacidad de hacerse entender y comprender a los demás depende de cultivar la confianza y el respeto mutuos, que son esencialmente la base de toda relación sana. Comunicarse eficazmente con los demás ayuda a construir y mantener relaciones sólidas. Carecer de esta habilidad puede abrir una brecha entre usted y quienes le rodean. Decir lo que piensa y expresarse con elocuencia le permite cultivar y mantener buenas relaciones sociales, románticas, familiares y profesionales.

Las personas con excelentes habilidades de comunicación suelen tener más confianza y seguridad en sí mismas. Si le preocupa que su mensaje no llegue a su público, podría parecer indeciso y lleno de dudas. Esta es una razón de peso por la que las personas con grandes habilidades de comunicación reciben más ofertas de trabajo que la media. Nunca se subestiman. Dado que la mayoría de los desacuerdos surgen de malentendidos o de la negativa a tolerar un punto de vista opuesto, los excelentes comunicadores rara vez son objeto de conflicto.

Las grandes ideas no significan nada si no se comunican adecuadamente. Imaginemos cuántos grandes inventos no han llegado a buen puerto porque sus creadores eran malos oradores y no supieron presentarlos de forma convincente.

Las ventajas de tener buenas habilidades de comunicación son innumerables. He aquí algunas cosas que ser buen comunicador puede facilitarle:

Crear un entorno de trabajo saludable

Puede crear un entorno de trabajo saludable para usted y para los demás aprendiendo a comunicarse eficazmente. La confianza es el factor más crítico en los lugares de trabajo positivos. Los compañeros que no confían los unos en los otros no trabajarán bien juntos y siempre estarán compitiendo. Aunque es necesaria cierta competencia para mantener un entorno de trabajo productivo y emocionante, demasiada competencia puede provocar discordia, falta de unidad y relaciones infelices entre la organización y los clientes. Esto se debe a que los empleados empiezan a dar prioridad a sus objetivos personales y pierden de vista el panorama general.

Cuando fomente un sentimiento de confianza entre usted y sus compañeros de trabajo, podrá promover actitudes positivas y relaciones más sólidas. Esto puede aliviar parte de la tensión y el estrés que se producen en el lugar de trabajo, lo que puede reducir los malentendidos.

Ayuda a tener éxito en su carrera profesional

Unas excelentes habilidades de comunicación pueden ayudarle a tener éxito en su carrera profesional, sea cual sea su sector. Tanto si se comunica directamente con los clientes, como si informa a su jefe, participa en proyectos de grupo o supervisa a un equipo, su éxito depende en gran medida de su capacidad para comunicarse con eficacia. Aunque cada trabajo conlleva estructuras, retos y dinámicas de comunicación diferentes, las habilidades necesarias para destacar en este ámbito son universales.

Resulta útil observar cómo interactúan las personas que le rodean para que pueda empezar a imitarlas y tenerlas como referencia. Esto no sólo le ayudará a desarrollar sus habilidades, sino que también le permitirá comprender a los demás, lo que puede ayudarle a suavizar conflictos y a convertirse en un mejor negociador.

Le hace parecer carismático y atractivo

Hay una delgada línea entre saber comunicar y ser un comunicador eficaz. Como con todas las demás habilidades, debe seguir cultivando y desarrollando sus habilidades de comunicación. Si no sigue aprendiendo, perderá la capacidad de comunicar su mensaje con eficacia.

La forma de comunicarse con los demás es todo un proceso que comienza en el momento en que entra en la sala. La forma en que se presenta y la primera impresión que causa son factores que influyen en sus habilidades de comunicación. Imagine que es un vendedor que se reúne con un cliente para venderle un reloj de lujo. ¿Cómo responderá el cliente a su esfuerzo? Incluso si prepara un discurso extraordinario, si entra con una postura desgarbada en pantalones de chándal y empieza a tropezar con las palabras, su comunicación será menos eficaz. Lo más probable es que rechacen su oferta. Su aspecto y su actitud influyen en su mensaje global.

Su aspecto y su comportamiento deben ser relevantes para lo que intenta comunicar. También debe ser capaz de atraer a su interlocutor y captar su imaginación. A menudo olvidamos que la mayoría de nuestras conversaciones tienen que ver con nuestros interlocutores y no con nosotros mismos. Aunque esté contando un acontecimiento de su vida, la estructura de las frases, el vocabulario y lo que decida contar u omitir dependerán de la persona con la que hable. Intente averiguar todo lo que pueda sobre la personalidad, las creencias y los intereses de la otra persona para poder atraerla y dirigirse a ella adecuadamente. Aprenda a respetar las opiniones de los demás, aunque no coincidan con las suyas y practique la escucha activa. Así le resultará más fácil llevarse bien con los demás.

Mejora su capacidad para resolver problemas

Tener una buena capacidad para resolver problemas enriquece su vida personal y profesional. Si ocupa un puesto directivo, probablemente ya sepa que esta habilidad es esencial si es jefe de equipo o gerente. También le será más fácil adaptarse al cambio y afrontar rápidamente los conflictos. Las personas que saben resolver problemas pueden afrontar situaciones inesperadas sin dejarse detener por el miedo y la ansiedad. Las personas con buenas habilidades de comunicación saben escuchar y empatizar con los demás. Saben qué preguntas hacer para encontrar las respuestas que buscan. Los buenos comunicadores saben cuándo pueden intervenir para ayudar a alguien o escucharle y cuándo dejar que resuelva las cosas por sí mismo. Saben exactamente qué decir a las personas cuando tienen dificultades.

Permite sentirse mejor con usted

La forma en que se comunica con los demás determina hasta qué punto puede conectar con ellos. No puede llegar a conocer íntimamente a alguien si no sabe comunicarse bien con él. Ser un excelente comunicador requiere que sea un orador honesto y auténtico. Comunicarse de una forma genuina que se ajuste a lo que realmente es le hará sentir bien con usted.

Ofrece una sensación de dirección y claridad

La gente sólo sabrá qué puede esperar de usted, ya sea en el trabajo o en su vida personal, si puede comunicarles sus planes, objetivos y deseos. También sabrán lo que usted espera de ellos en una amistad, una relación sentimental o como miembros de un equipo de trabajo. Esta sensación de claridad es fundamental en el trabajo porque ayuda a su equipo a identificar los problemas cuando algo no va por buen camino. El desarrollo de las habilidades comunicativas también enseña a hacer comentarios constructivos, necesarios para encauzar las cosas por el buen camino. Establecer expectativas claras para los que forman parte de su vida puede ayudarle a mantener relaciones sanas, asegurarse de que nadie traspasa sus límites y evitar conflictos. Le permite determinar cuándo sus esfuerzos no están siendo correspondidos y comunicar exactamente cómo se siente.

Fomenta mejores relaciones

La comunicación es vital en cualquier relación. Comunicar sus intereses, pensamientos, necesidades, deseos, sentimientos y emociones y escuchar activamente los de los demás es esencial para mantener relaciones sanas. También debe ser capaz de hablar si le hacen daño para poder trabajar juntos en la búsqueda de una solución. Algunas personas prefieren dejar pasar las situaciones dolorosas. Sin embargo, no se dan cuenta de que poco a poco van acumulando todos los defectos de sus amigos o compañeros, lo que acaba provocando resentimiento. Es fundamental poder hablar de cualquier cosa con las personas más cercanas. De lo contrario, surgirán sentimientos indeseables que acabarán arruinando la relación.

Le mantiene comprometido

Una buena capacidad de comunicación conlleva una mayor comprensión y confianza. Cuando sabe exactamente lo que tiene que hacer y adquiere confianza en sus capacidades, se implica más en el trabajo y en sus pasiones y aficiones. Si es directivo, la comunicación con sus empleados puede aumentar su satisfacción laboral y hacer que se sientan más comprometidos.

Mejora la productividad

La comunicación con sus empleados o compañeros de trabajo permite entender las funciones y expectativas de cada uno. Cuando todo se comunica claramente desde el principio, todo el mundo puede centrarse en hacer su trabajo en lugar de perder el tiempo en cosas que no importan. Esto se aplica a todos los aspectos de la vida. Por ejemplo, hablar con su pareja de sus planes y su lista de tareas y pedirle que lave los platos, en lugar de esperar a que vuelva a casa, sería mucho más eficaz que quejarse de que tiene mucho que hacer y esperar que le ayude por iniciativa propia. Esta última situación daría lugar a una discusión fácilmente evitable y le dejaría con tareas adicionales.

Cómo la comunicación eficaz cambió la vida de Ian

Esto es lo que Ian nos contó sobre su vida:

«No siempre se me dio bien comunicarme con los demás, sobre todo cuando se trataba de mis necesidades, expectativas y sentimientos. Esperaba que todo el mundo supiera lo que yo esperaba de ellos sin pronunciar una sola palabra al respecto. Esperaba que supieran cómo tratarme cuando me sentía mal, cuándo dejarme en paz y cuándo intentar hacerme hablar. Pensaba que ya sabían que me gustaba que bromearan conmigo: qué era aceptable para mí y qué no. Esperaba que todo el mundo se ciñera a sus límites y a los míos, aunque nunca se los hubiera comunicado.

Adivinen qué hice cuando no se cumplieron mis expectativas. Me sentía incómodo con las bromas, o cuando alguien cruzaba mis límites. Les daba la espalda hasta que me apetecía volver a hablar con ellos. No me molestaba en explicar por qué me distanciaba de alguien, lo que les dejaba confundidos. Cuanto más repetían sus «errores» (o acciones que no tenían ni idea de que me molestaban), más frío y distante me volvía. Esto suena muy tóxico, ¿verdad?

Sabía que la forma en que me estaba comportando estaba mal, pero no tenía la energía ni los conocimientos necesarios para remediar la situación. Era más fácil dejar que la gente se fuera o que resolviera las cosas por su cuenta que intentar comunicarme con ellos. Hasta que empecé a perder a personas que significaban mucho para mí me di cuenta de que tenía que hacer algo.

Fue entonces cuando decidí aprender a comunicarme. Al principio, me costó mucho empezar a decirle a la gente que me hacían daño cuando hacían esto o aquello o que me molestaba que alguien bromeara sobre alguna de mis inseguridades. Me preocupaba parecer estirado si enumeraba mis límites o decía que no me gustaba que alguien me faltara al respeto o se burlara de mí, aunque fuera en broma. Sin embargo, sabía que era injusto para todos los que me rodeaban.

Comunicarme con los demás no me hacía parecer vulnerable o a la defensiva como yo pensaba. En todo caso, la gente empezó a confiar más en mí y a respetarme más. Ya no se andaban con rodeos a mi alrededor, y noté que mis relaciones se fortalecían considerablemente. Ya no me sentía horrible por tratar a mis seres queridos como lo hacía. Nunca admití el hecho de que sabía que se merecían algo mejor».

Tipos de comunicación

Existen varios tipos de comunicación. Sin embargo, los siete siguientes son los más populares:

Comunicación verbal

La comunicación verbal es el principal método de comunicación. Todos la utilizamos para comunicarnos y transmitir nuestros mensajes a los demás.

La comunicación verbal se divide en oral y escrita. Las conversaciones cara a cara o por teléfono son ejemplos de la primera, mientras que una carta escrita o un mensaje de texto son ejemplos de comunicación escrita.

Comunicación no verbal

Es un tipo de comunicación más sutil y abarca cualquier forma de comunicación no verbal y no escrita. Incluye el lenguaje corporal, la postura, los gestos, el contacto visual y las expresiones faciales. La gente subestima la eficacia expresiva de poder comunicarse sin decir mucho. La mayoría de nuestras emociones se transmiten a través de esta habilidad.

Vea cualquier película que no haya visto nunca. Apague el volumen y los subtítulos. Probablemente podrá saber si el personaje está contento, triste, enfadado, neutro o sorprendido con sólo observar sus reacciones faciales, los gestos de sus manos y su lenguaje corporal.

Comunicación escrita

La comunicación escrita es un subtipo de la comunicación verbal y consiste en expresarse mediante palabras escritas. Blogs, artículos, correos electrónicos, mensajes de texto y cartas son tipos de comunicación escrita.

Comunicación oral

Es otro subtipo de comunicación verbal y se refiere a la interacción mediante la palabra hablada. Los reporteros de televisión, los programas de entrevistas, las conversaciones cara a cara, los discursos, los seminarios, las conferencias y las llamadas telefónicas son ejemplos de comunicación oral. Se considera la mejor habilidad comunicativa que cualquiera puede dominar, ya que permite ajustar el lenguaje y el tono de voz para transmitir la emoción deseada junto con el mensaje.

Escuchar activamente

Mucha gente no sabe que la escucha activa es una habilidad comunicativa. De hecho, es una de las más importantes. La escucha activa requiere escuchar atentamente a los demás y tomarse el tiempo necesario para procesar sus palabras y reflexionar sobre ellas. Hay que estar atento a los pensamientos, emociones y sentimientos del interlocutor.

Comunicación visual

La comunicación visual se refiere a la expresión de pensamientos y sentimientos a través de medios visuales. Las fotos de los blogs son ejemplos de comunicación visual. Los vídeos, las pegatinas y los gifs son ejemplos de comunicación visual. Nuestras actividades en plataformas de redes sociales como Instagram y Snapchat se basan en esta forma de comunicación.

Comunicación de masas

Este tipo de comunicación se refiere a compartir información con una gran audiencia, como a través de los periódicos o la televisión. Al igual que la comunicación verbal, esta habilidad se presenta en forma oral y escrita.

Estilos de comunicación

Existen cuatro estilos de comunicación diferentes: la forma de comunicarse de cada persona. Es distinta para cada uno. Sin embargo, hay cuatro estilos principales y, si sabe identificarlos, podrá sortear el campo de minas que los mensajes contradictorios pueden dejar a su paso, como malentendidos, malas interpretaciones y discusiones. Comprender los distintos estilos de comunicación puede ayudar a interactuar con diferentes personas de forma más eficaz.

Estilo de comunicación pasivo

A este tipo de comunicadores les gusta evitar ser el centro de atención. Suelen ser callados e indiferentes durante las discusiones y los debates. Rara vez adoptan una postura o muestran un comportamiento asertivo. Los individuos pasivos no hablan de sus sentimientos o necesidades, por lo que costará determinar si se sienten incómodos o necesitan orientación.

Éstas son algunas señales de que está tratando con un comunicador pasivo:

- No saben decir «no».
- Tienen una voz suave
- Suelen disculparse
- Evitan el contacto visual
- Son despreocupados
- Tienen una mala postura
- Se mueven con frecuencia

Cuando trate con comunicadores pasivos, lo mejor es ser directo e iniciar conversaciones privadas. Pídales su opinión para que se sientan implicados y evite las preguntas de «sí» o «no».

Debe empezar a desarrollar sus habilidades comunicativas si es un comunicador pasivo. Aproveche la oportunidad de hablar siempre que pueda hacerlo cómodamente. Experimente con las comunicaciones escritas hasta que se suelte a las orales.

Estilo de comunicación agresivo

Estos comunicadores se dejan llevar por sus pensamientos y sentimientos. Se comportan y hablan impulsivamente, sin pensar en sus acciones hasta el final. Esto compromete sus relaciones sociales y profesionales y disminuye su productividad en el trabajo.

Los siguientes son algunos signos de los comunicadores agresivos:

- Interrumpen a los demás mientras hablan
- Tienen una postura autoritaria
- Mantienen un contacto visual firme
- Suelen invadir el espacio personal de los demás

Debe acercarse a un comunicador agresivo con calma y manteniendo su asertividad. Si es su compañero de trabajo, evite hablar de sus sentimientos o asuntos personales manteniendo una conversación estrictamente profesional. Debe saber cuándo alejarse de esa persona para no perder el tiempo ni entrar en una discusión.

Si es un comunicador agresivo, debe trabajar para introducir técnicas de comunicación positiva en su vida. También le ayudará a reducir los niveles de estrés.

Estilo de comunicación pasivo-agresivo

Los comunicadores pasivo-agresivos abordan las situaciones de forma agresiva, sobre todo las personas que se dejan llevar por la pasión y la motivación mientras que por fuera parecen pasivas. Aunque el lenguaje que utilizan es tranquilo y dulce, sus acciones son todo lo contrario. Estos individuos son excelentes manipuladores: dirigen todo en una dirección que sólo les beneficia a ellos.

Los individuos pasivo-agresivos suelen

- Comportarse con sarcasmo
- Mostrar tendencias de negación
- Parecen felices, aunque se sientan mal
- Murmurar
- Recurrir al silencio

Cuando trate con este tipo de personas, haga peticiones directas, sin dejar lugar a confusiones ni debates. Enfréntese siempre a su comportamiento inaceptable. Pida su opinión sincera.

Si tiene este estilo de comunicación, practique la comunicación de sus pensamientos y sentimientos con los demás.

Asertivo

Este es el estilo de comunicación más productivo en el lugar de trabajo. Estas personas son respetadas entre sus compañeros y pueden compartir sus ideas y pensamientos abiertamente y con confianza con los demás. No tienen ningún problema en asumir nuevos retos, pero nunca temen decir «no» o establecer límites estrictos.

Estas personas

- Utilizan gestos frecuentes
- Tienen una gran capacidad para compartir y habilidades de colaboración
- Tienen una buena postura
- Hablan con voz clara
- Son capaces de establecer un contacto visual amistoso
- Expresan sus pensamientos y sentimientos con eficacia

Cuando trate con un comunicador asertivo, anímele a hablar. Si es posible, asígneles funciones de liderazgo y pídales que ayuden a personas con otros estilos de comunicación. Averigüe qué tipo de comunicador es a partir de la información proporcionada en este capítulo. En el capítulo siguiente aprenderá todo sobre la escucha activa. La escucha activa es una de las habilidades comunicativas más importantes, por lo que le vendrá muy bien aprender a mejorar en este aspecto.

Capítulo 2: Cómo escuchar de verdad

¿Alguna vez ha tenido la sensación de estar ahí sentado, sin contribuir a la conversación que está escuchando? No debería sentirse mal, porque la comunicación requiere tanto del que habla como del que escucha.

La comunicación requiere tanto del que habla como del que escucha
https://www.pexels.com/photo/photo-of-women-talking-to-each-other-4051134/

El orador es quien envía el mensaje durante la comunicación, mientras que el oyente es quien lo recibe. La comunicación se interrumpe si el orador interrumpe el mensaje o si el oyente se confunde o no lo entiende. Hay una desconexión entre el orador y el oyente.

No se trata sólo de oír. Se trata también de comprender lo que se oye, lo que indica que el oyente es tan importante como el orador. Escuchar eficazmente es una habilidad necesaria porque ayuda al oyente a comprender y procesar el mensaje que se le envía y, en consecuencia, a responder o actuar de la manera adecuada. Esto también ayuda al orador.

Así pues, debemos aprender a escuchar de verdad. ¿Le parece extraño? Aunque lo parezca, debe saber que permanecer en silencio durante una conversación o una conferencia no significa realmente que esté prestando atención.

Se dará cuenta de ello cuando se haga un pequeño silencio en la conversación y se encuentre sin palabras para describir lo que ha oído hasta ese momento. Si está escuchando de verdad, captará al instante los puntos principales del mensaje que se está transmitiendo y será capaz de reformularlo con sus propias palabras para que mantenga su autenticidad e intención cuando lo transmita a otro oyente.

Si lo consigue, significa que ha escuchado el mensaje en su totalidad, sin saltearlo, interrumpirlo o molestar de cualquier otra forma al orador, y que ha entendido lo que decía.

Si quiere ser un buen comunicador, primero debe aprender a escuchar de verdad. En otras palabras, antes de ser un buen comunicador, hay que ser un oyente eficaz.

Esto se tratará en profundidad en las secciones siguientes.

¿Qué es escuchar con eficacia?

Cuando escucha con eficacia, presta atención a lo que se dice, procesa la información correctamente y responde adecuadamente. Como puede ver, va más allá de simplemente escuchar. Las habilidades para escuchar eficazmente ayudan a aumentar su conciencia, así como sus hábitos de comunicación.

Importancia de la escucha eficaz

A medida que aprenda a escuchar con más eficacia, verá cómo aumentan su productividad y su rendimiento. Estará más en sintonía con la conversación y preparado para afrontar el reto que se le presente.

Podrá terminar el trabajo sin cometer errores ni tener que empezar de nuevo.

Escuchar también desempeña un papel importante en las relaciones. Cuando las personas se esfuerzan por escucharse mutuamente, desarrollan mejores actitudes hacia los demás. Esto genera confianza y una relación más sana.

A continuación, se exponen las ventajas de la escucha eficaz en la vida cotidiana.

La escucha eficaz en la gestión y la supervisión

La capacidad de escuchar atentamente es crucial para cualquier directivo, tanto si se ocupa de recursos humanos como de supervisar proyectos.

Esta capacidad le ayuda a entender lo que dicen sus compañeros en el trabajo, a dar sentido a lo que dicen quienes trabajan con usted en algunos proyectos, a progresar, a procesar la información recibida y a tomar decisiones acertadas con base en ella.

Dirigir gente puede ser un reto porque cada persona tiene sus propias manías y estilos de comunicación. Lidiar con esto lo somete a mucha presión, lo que puede repercutir en su atención al detalle debido al estrés. Sin embargo, si ha desarrollado una capacidad de escucha excelente y eficaz a lo largo de su vida y sus estudios, podrá desempeñar su papel en la cadena de comunicación y transmitir mensajes con claridad.

Ventajas de la escucha eficaz en la crianza de los hijos

La crianza de los hijos exige saber escuchar por varias razones. Por todos es sabido que los niños son unos charlatanes interminables porque intentan expresar constantemente lo que piensan y no tienen filtros.

Pero dentro de ese torrente de conciencia habrá información vital que no debe perderse: no deje que se convierta en ruido de fondo. Debe prestarles mucha atención hasta que entienda lo que intentan comunicarle, y esto, a su vez, ayudará a entender lo que dicen y a responder adecuadamente.

Un buen padre presta mucha atención a sus hijos, no sólo a lo que dicen, sino también a lo que hacen, leyendo su comportamiento. Por lo tanto, escuchar ayuda a entender a sus hijos incluso más allá de lo que dicen.

Las siguientes son algunas de las formas en que una escucha eficaz puede mejorar la relación con sus hijos, que se aplican a ambos sexos y distintas edades:

1. Fortalecer la relación

Escuchar eficazmente a sus hijos genera confianza. Ganan confianza en usted porque es capaz de entender lo que les molesta. También hace que confíen fácilmente en usted. Esto fortalece su relación y la comunicación con ellos.

2. Resolución de conflictos

La resolución de conflictos puede ser sencilla si presta mucha atención a las conversaciones. Escuchar con atención ayudará a entender los conflictos desde el punto de vista de los niños, de modo que podrá reaccionar de un modo que indique que entiende lo que pasa y por qué, y podrá abordarlos adecuadamente.

Sus hijos quieren saber que lo que le han dicho antes ha quedado registrado en su mente. No querrá hacerles las mismas preguntas una y otra vez, porque eso agravará el conflicto.

Si escucha a sus hijos con suficiente atención, o a cualquier otra persona en situaciones similares, puede evitar discusiones y construir una mejor relación con ellos.

3. Respeto y compromiso

La escucha eficaz demuestra el amor y la preocupación que siente por sus hijos. Hacer que se sientan escuchados les demuestra que le importan, lo que genera compromiso y respeto en su relación con ellos.

La escucha eficaz en la tutoría

Si le eligen como mentor de alguien, tendrá que afinar su capacidad de escucha. Es un puesto de responsabilidad y requiere dedicación. Debe asegurarse de escuchar atentamente a su alumno, por lo que debe saber escuchar bien para ser un buen mentor. ¿Hasta qué punto es esencial la escucha eficaz en la orientación? Vamos a cubrir eso a continuación.

1. Identificar problemas y encontrar soluciones

Una buena capacidad de escucha le ayudará a reconocer los problemas planteados por sus alumnos, aunque sólo los hayan expresado de forma no verbal. Podrá descodificar esas palabras no dichas, lo que le permitirá buscar y aportar una solución. Esto sólo es posible si presta mucha atención durante las conversaciones.

Si no lo hace, malinterpretará a su alumno, lo que podría causar problemas en su relación porque no podrá ayudarle a resolver problemas o enseñarle lo que necesita si no conoce sus problemas.

2. Crear confianza entre el mentor y el alumno

La relación entre un mentor y un alumno depende de muchas cosas, pero la confianza es crucial. Es más probable que los alumnos sean sinceros sobre su vida y sus dificultades si confían en usted.

Esta confianza, sin embargo, no se puede construir a menos que tenga buenas habilidades para escuchar, lo que les ayudará a hablar con usted a medida que se conozcan mejor con el tiempo.

3. Evitar conflictos debidos a lagunas de comunicación

Los conflictos son de esperar en todas las relaciones, incluidas las que se establecen entre mentores y alumnos.

Puede haber ocasiones en las que usted y sus alumnos tengan puntos de vista opuestos sobre temas específicos. Sin embargo, como mentor, usted tiene la responsabilidad de mantener una mente abierta en los puntos de vista y perspectivas.

Nunca entenderá los puntos de vista si no sabe escuchar.

Puede animar a sus alumnos a compartir sus pensamientos y sentimientos escuchándolos atentamente y haciéndoles preguntas. Cuando se pone en su lugar, comprende mejor su punto de vista y puede utilizarlo para allanar el camino hacia unas líneas de comunicación más abiertas.

Escuchar fortalece los vínculos románticos

Los especialistas en relaciones y los terapeutas siempre hacen hincapié en la importancia de escuchar. Desgraciadamente, muchos problemas de pareja se deben a la falta de comunicación en la relación.

Cuando las personas se toman el tiempo de escucharse mutuamente, crean un entorno en el que todos se sienten cómodos compartiendo sus pensamientos y sentimientos sin miedo a las críticas. Muchos matrimonios experimentan este problema porque los miembros de la pareja han adquirido el hábito de interrumpirse constantemente y hablar por encima del otro, por lo que puede llevar algún tiempo cambiar esta situación.

Un terapeuta de pareja formado puede organizar actividades de escucha entre las parejas para ayudar en el proceso.

Escuchar refuerza la amistad

Escuchar no sólo refuerza los vínculos románticos y profesionales, sino que también fortalece las amistades. Si tiene problemas para enmendar errores con amigos de toda la vida o para conectar con gente nueva, practicar la escucha activa puede ser la solución.

Escuchar refuerza las amistades porque aumenta la confianza, reduce los malentendidos y aumenta la empatía. Haga un esfuerzo porque merece la pena.

Beneficios de la escucha eficaz en ventas y marketing

Para tener éxito comercial o como vendedor, es imprescindible tener buenas habilidades de comunicación, y éstas no estarán completas si no sabe escuchar.

Uno de sus objetivos al comunicarse con clientes potenciales debe ser conocer sus necesidades y preocupaciones sobre lo que vende y sus productos y servicios, así como averiguar información sobre la oferta de sus competidores y cómo puede utilizar esta información para mejorar su propia oferta y atraer a más clientes.

No podrá responder a una pregunta si no ha leído la situación en profundidad o escuchado adecuadamente las preguntas de su posible cliente. Escuchar eficazmente a sus posibles clientes tiene las siguientes ventajas:

- El cliente potencial confiará en usted porque le ha demostrado que lo valora al escucharlo.

- Si el cliente potencial descubre que usted está más interesado en satisfacer sus necesidades que en hacer ventas, estará más dispuesto a ofrecer soluciones adicionales y a hacer las recomendaciones necesarias.

- También se mostrarán menos reservados con usted porque les ha demostrado su disposición a escuchar.

- Creen en usted y en la solución que aportan sus productos o servicios

- Puede concentrar sus esfuerzos en aquellos que realmente necesitan el producto que usted les ofrece.

Recuerde que está aquí para satisfacer a sus clientes tanto como para hacer ventas. Por lo tanto, escuchar eficazmente asegurará a su cliente que usted se preocupa más por su satisfacción que por sus ventas. Esto demuestra al cliente que usted se preocupa de verdad por el éxito de él y no sólo por el suyo.

Demuestre que valora a cada uno de sus clientes. Preste a cada uno de ellos la atención que necesita y asegúrese de que atiende personalmente sus necesidades y no se las pasa a otra persona, ya que es la forma más rápida de perder clientes.

Si escucha bien a cada cliente, le hará sentir que es su máxima prioridad, con lo que se ganará su confianza y compromiso. No finja nada al respecto. Sinceramente, preste atención porque, si no lo hace, su cliente se enterará y usted se perderá una información que puede ser crucial para su éxito a largo plazo.

A veces ya tiene una solución para el problema de un cliente. No es buena idea negarles la oportunidad de expresarse porque se sentirán poco importantes, y hablar por encima de ellos con su solución. Respételos dándoles tiempo para hablar y, cuando hayan terminado, deles su respuesta, pero esta vez modifíquela para que se ajuste a lo que acaban de describir, y a la vez haga eco de algunas de las palabras que el cliente utilizó en su explicación.

Sus habilidades de escucha eficaz ayudarán a resolver el mismo problema con distintos clientes de maneras diferentes.

La escucha eficaz le permitirá llegar a un acuerdo rápidamente y sin ambigüedades, aportando soluciones que su cliente aceptará con mayor probabilidad. Si no sabe escuchar, su índice de ventas disminuirá, lo que perjudicará su eficacia general y su bolsillo.

Técnicas para una escucha eficaz

1. Sonreír

Sonreír mientras escucha a su interlocutor puede ayudarle a escuchar con mayor eficacia. Asegura a la persona que le habla que tiene toda su atención y se mantiene conectado con ella mientras habla.

2. Inclinarse hacia delante

Esta es otra técnica de escucha eficaz. Mientras alguien le habla, ajuste su postura para inclinarse hacia delante en lugar de hundirse en la silla. Cuando se inclina hacia delante, es más fácil bloquear el ruido de fondo y concentrarse en el interlocutor. También da la impresión de que está prestando toda su atención.

3. Contacto visual

Mantener el contacto visual con el orador mientras habla es esencial. Esto permite conectar más allá de las palabras que está diciendo. Puede seguir sus gestos, expresiones faciales y lenguaje corporal mientras habla.

4. Parafrasear las palabras del orador

Al intentar parafrasear las palabras del orador, da sentido a lo que está diciendo, lo que mejora drásticamente su capacidad de escucha, además de tranquilizar a la persona que le habla asegurándole que la escuchó.

5. Mostrar interés

No puede mostrar interés por el interlocutor si no sigue la conversación. Por eso, mostrar interés es beneficioso tanto para usted como para el interlocutor. Al tratar de incorporarse a sus narraciones, se crea un vínculo y una sensación de comprensión entre los dos.

6. Pedir aclaraciones

Pedir aclaraciones sobre puntos ambiguos es una forma estupenda de demostrar que está prestando atención durante una conversación o charla. Cuando algo no esté claro, sea rápido para pedir aclaraciones, que, cuando las reciba, ayudarán a entender mejor de qué se está hablando.

7. Resumir

La capacidad de resumir lo que se ha dicho y recoger los puntos necesarios de la conversación forma parte de la escucha eficaz. Ayuda a entender mejor el mensaje y permite desarrollarlo a su manera sin perder de vista los puntos principales.

8. Afirmar verbalmente

Durante una conversación, la afirmación verbal es vital para demostrar que es un oyente eficaz. La afirmación permite fluir con el interlocutor como si ya supiera lo que va a decir a continuación. Está participando en la conversación y no se está perdiendo nada, así que de vez en cuando añada una palabra para confirmar algo.

9. Destacar sus propias experiencias

Por último, destacar su propia experiencia forma parte de la lista de técnicas para mejorar la escucha eficaz. Puede identificar varios puntos en los que el orador haya dicho cosas que le resuenen mientras habla.

Cómo mejorar la capacidad de escucha

Siga una rutina regular de reflexión y contemplación. Esto ayudará a despejar la mente y mejorar su concentración con el tiempo, lo que se reflejará en sus métodos de escucha y comunicación.

Conozca los distintos tipos de escucha y practíquelos con regularidad. Los distintos tipos de escucha incluyen la escucha activa, la escucha pasiva, la escucha crítica, la escucha expansiva y la escucha reductiva.

Cuando esté en un entorno ruidoso, intente escuchar los distintos tipos de ruido, descifrarlos de uno en uno y aislarlos. De este modo, adquirirá la capacidad de sintonizar selectivamente los sonidos y mantener la atención en las cosas que quiere oír a la vez que apaga los irrelevantes.

Busque contenidos de audio y vídeo educativos y escúchelos. Esto mejorará significativamente sus habilidades auditivas al tiempo que proporciona beneficios adicionales como educación, motivación, etc. Mire cosas en YouTube, programas de radio y televisión, podcasts, etc.

Puede hacerlo mientras espera el tren, conduce, va en autobús o en cualquier otro momento libre.

Escuchar con atención es una habilidad que le beneficiará en muchos aspectos de su vida. Desarrollar esta habilidad tendrá un impacto enormemente positivo en sus relaciones interpersonales, y hay muchas lecciones que aprender por el camino. Por ejemplo, descubrirá que no puede ser un oyente eficaz si es usted quien habla. Esto le enseña, entre otras cosas, a callar mientras escucha.

Cuando deja que los demás hablen antes de responder, puede aprender todo lo posible sobre el tema y aportar comentarios útiles.

Mantenga la mente abierta al escuchar para captar los detalles críticos entre el mar de palabras habladas. No se distraiga con demasiada frecuencia, ya que es posible que le estén comunicando información crucial justo cuando está a punto de perder la concentración.

Las distracciones pueden presentarse de muchas formas, como conversaciones fuera de tema, interrupciones de amigos e incluso el timbre del celular.

Mantenga la atención en los gestos y las palabras, y apunte las ideas que se le ocurran; nunca se sabe cuál resultará útil.

Saber que el mensaje es más importante que el mensajero en ese momento ayudará a mejorar. Podría perderse un montón de detalles relevantes si intenta forzar la unión de ambos. La oportunidad llama a la puerta cuando nos damos cuenta de que las grandes ideas pueden venir de personas que quizá no compartan nuestros valores o creencias.

Escuchar para responder o dar una opinión contraria es diferente de escuchar para comprender. Con el primer tipo de escucha, su mente está cerrada, sólo busca la próxima oportunidad para hablar. Pero con la segunda, tiene la mente abierta, quiere conocer y quiere aprender cosas esenciales de lo que oye.

En general, mantenga la curiosidad. Nunca cierre su mente a ningún tema; manténgase siempre abierto a puntos de vista opuestos.

Saber que su opinión sobre un tema puede no ser la definitiva hará que siempre haga preguntas que lo iluminen. No es de buena educación interrumpir a alguien a mitad de una frase. Muestra una falta de respeto por el orador y es muy desalentador, además de que corre el riesgo de perder de vista lo más importante.

Tenga paciencia con quienes no sean elocuentes o rápidos con las palabras. Algunas personas tardan más que otras en transmitir el mismo mensaje. Debe ser consciente de lo que funciona para sus interlocutores y darles el mismo valor que a cualquier otra persona.

Demuestre constantemente empatía y conexión con su orador. Demuestre al escuchar que ha procesado el mensaje del orador y que puede relacionarse con él. Sin embargo, mientras muestra empatía y conexión, es esencial mantener un control emocional total. Independientemente de los intentos del orador de empujarle o presionarle con sus palabras, debe mantener el control emocional.

Preste siempre atención al lenguaje corporal mientras escucha. Durante una conversación se comunican muchas cosas sin palabras, y se las perderá si no está lo suficientemente atento.

Si se lo propone, nada es imposible de aprender. Del mismo modo, perfeccionar las habilidades que ya posee o aprender otras nuevas puede tener un impacto significativo.

Capítulo 3: 5 maneras de escuchar las emociones que hay detrás de las palabras

Las habilidades interpersonales, como la comunicación eficaz, son muy valoradas en el mundo actual y ayudan a mejorar la cooperación y la productividad en las comunidades, los lugares de trabajo y el hogar. Los acontecimientos mundiales y locales distorsionan las emociones de las personas y, en la mayoría de los casos, merman su capacidad para expresarse con eficacia. La gente suele ocultar sus verdaderos sentimientos tras un muro de palabras, lo que dificulta la comunicación.

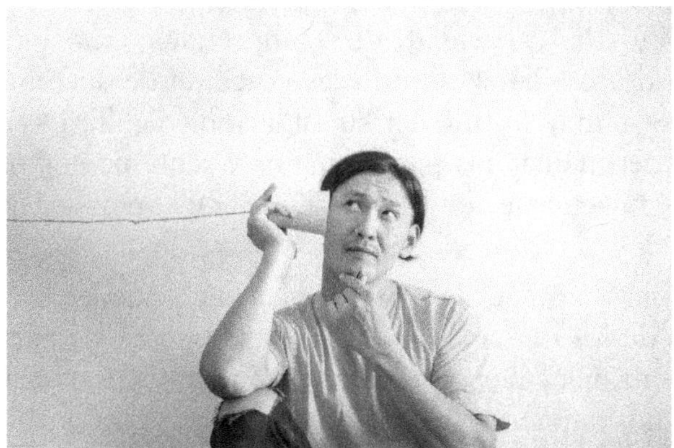

Una comunicación eficaz es algo más que compartir información

Las palabras son una parte importante de nuestra comunicación como seres humanos, y expresarse, especialmente si uno se encuentra en un estado vulnerable, puede resultar difícil. No obstante, para que se produzca una comunicación eficaz, cualquier conversación debe basarse en los pilares de la empatía, la inteligencia emocional y la conciencia emocional. Para comunicarse, todas las partes deben ser capaces de comprenderse a sí mismas y a los demás.

El orador debe ser capaz de comunicar sus sentimientos más profundos y el oyente debe utilizar la lógica para comprender el mensaje. Supongamos que el orador parece ocultar sus emociones. En ese caso, el oyente debe ser capaz de persuadir a la otra parte para que se comunique eficazmente utilizando la inteligencia emocional y la conciencia emocional.

La comunicación eficaz es algo más que compartir información. También hay que entender las emociones que hay detrás del mensaje. Muchas cosas y mucho ruido exterior pueden obstruir una comunicación eficaz. Los mejores resultados requieren mucho esfuerzo.

Este capítulo examina cómo la empatía, la conciencia emocional y la inteligencia emocional afectan al contexto de la comunicación y cómo entender mejor las expresiones de las personas.

Empatía, conciencia emocional, inteligencia emocional y su importancia en la comunicación

La empatía es la capacidad de comprender emocionalmente los sentimientos de los demás viendo las cosas desde su punto de vista e imaginándose a uno mismo en su situación. Significa ser consciente, sensible y experimentar los pensamientos y sentimientos de los demás. Uno puede imaginarse en el lugar de otra persona y sentir sus emociones.

Las personas empáticas saben escuchar, pueden reconocer los sentimientos de los demás, son de gran ayuda para las personas que se encuentran en situaciones sociales complejas y proporcionan excelentes consejos y ayuda a quienes lo necesitan.

La empatía puede ser afectiva, somática o cognitiva. La empatía afectiva es la capacidad de comprender y responder adecuadamente a los sentimientos y emociones de otra persona, mientras que la somática es la capacidad de tener reacciones físicas en respuesta a lo que siente otra persona. *La reacción cognitiva consiste en comprender y predecir la respuesta de otra persona ante una situación.*

La empatía es fundamental en el contexto de la comunicación. Permite comunicarse eficazmente con los demás porque los comprende y se identifica con ellos y puede expresarse adecuadamente. La empatía facilita la formación de vínculos sociales fuertes, que comienzan con conversaciones significativas. Ayuda a moderar sus emociones, lo que resulta beneficioso en las discusiones porque así podrá comunicarse sin problemas, incluso en circunstancias diferentes, como cuando está contento, estresado o deprimido, sin apartar a los demás ni imponerles sus opiniones.

La conciencia emocional se confunde a menudo con la inteligencia emocional; comprende la capacidad de entender y reconocer las emociones propias y ajenas. Incluye comprender las emociones y separarlas, lo que ayuda a la comunicación.

Las personas con conciencia emocional son buenas comunicadoras porque comprenden sus emociones y las utilizan eficazmente para influir en sus conversaciones y asegurarse de que se transmite el mensaje que desean. Son conscientes de las emociones de los demás y se comunican de forma recíproca.

Las emociones son esenciales en la comunicación, y ser consciente de ellas permite una comunicación eficaz. Aprenderá rápidamente medidas para mantener conversaciones progresivas. La mayoría de las respuestas emocionales pueden predecirse, y podrá tomar mejores decisiones porque sabe qué acciones desencadenan esas emociones.

Navegará y comunicará fácilmente su fase emocional, lo que hará que la comunicación sea más fácil y satisfactoria. Comprenderse mutuamente es el corazón de la comunicación, y ser consciente le permite hacer precisamente eso. Aporta más alegría y satisfacción. Por lo tanto, incorporar esta cualidad a una relación o conversación hace que la comunicación sea más significativa y memorable.

Las personas con una alta conciencia emocional tienen relaciones florecientes porque la comunicación es siempre fluida e interesante. Pueden conectar porque pueden conversar abiertamente y sin problemas. Han hecho el trabajo consigo mismas, lo que les permite comprender en profundidad sus emociones y las de su pareja, y si la relación atraviesa un bache, pueden afrontar las emociones de frente para restablecer el equilibrio en la relación.

La inteligencia emocional, al igual que la conciencia emocional, se refiere a la capacidad de comprender, aplicar, percibir, manejar y gestionar las emociones. Se define como un conjunto de rasgos y habilidades que influyen en el rendimiento y el liderazgo. Es la interfaz entre sus funciones emocionales y cognitivas. Y es en este punto de encuentro donde puede deducir las emociones de la gente y responder adecuadamente.

Incluye la autogestión, la conciencia social y la gestión de las relaciones. Controlar los comportamientos impulsivos, gestionar sus emociones, conocer sus límites, reconocer los sentimientos de los demás, comprender los propios y su impacto en los demás, sentirse cómodo socialmente, inspirar grandes relaciones y comunicarse con claridad con compañeros, amigos y quienes le rodean forman parte de ella.

Es una habilidad social que puede aprenderse o heredarse. Implica evaluar, reconocer y controlar las emociones propias y ajenas, utilizar la información emocional para guiar el comportamiento y el pensamiento, discernir y etiquetar los distintos sentimientos y darles forma para adaptarse al entorno.

Las personas con alta inteligencia emocional son seguras de sí mismas, curiosas, enfáticas, sensibles y se preocupan por los demás. Son fiables, admiten los errores y aceptan el cambio. Las personas emocionalmente inteligentes pueden comunicarse con sensibilidad y comprensión en su lugar de trabajo y en su vida personal. Los conflictos son inevitables durante las conversaciones con la gente y, con inteligencia emocional, puede comunicarse eficazmente de forma que se resuelva el conflicto.

Comprender las emociones le ayudará a desarrollar relaciones fructíferas con colegas y conocidos. Las emociones influyen en la comunicación, y comprender sus sentimientos es esencial para una comunicación eficaz. El autocontrol, la capacidad de leer las situaciones y responder adecuadamente, y expresarse sin agresividad en situaciones estresantes o incómodas son rasgos de la inteligencia emocional.

La inteligencia emocional puede mejorar el trabajo en equipo y las relaciones en el lugar de trabajo o en la familia. Le ayuda a debatir y llegar a compromisos con facciones opuestas sobre diversos temas, generando unión. Evaluar sus propias emociones y las de los demás permite evitar conflictos, mantenerse relajado y crear un equipo de trabajo feliz.

Ser emocionalmente inteligente también permite animar y motivar a la gente en momentos difíciles; da confianza en usted mismo, lo que permite acercarse a la gente, evaluar situaciones y proporcionar información útil para ayudarles a superar sus sentimientos. Para lograr una comunicación verbal y no verbal eficaz, debe prestar atención a las emociones y a las palabras. La comunicación implica más emoción que información.

La empatía, la inteligencia emocional y la conciencia son habilidades que pueden ayudarle a comunicarse con mayor eficacia. Mejoran su capacidad para sentir, controlar, utilizar y comprender no sólo sus propias emociones, sino también las de los demás. Se trata de un activo valioso en la familia y en el lugar de trabajo, y desarrollar estas habilidades es fundamental en el contexto de la comunicación.

5 maneras de entender mejor las expresiones de la gente

Comprender las expresiones de las personas o el mensaje que transmiten es esencial para mantener conversaciones productivas. La empatía le permite ponerse en el lugar de los demás y ver las cosas desde su perspectiva, mientras que la conciencia emocional le permitirá leer la situación, expresarse adecuadamente y establecer conexiones tangibles.

Utilizar estas habilidades de forma individual o conjunta facilita la información y el desarrollo emocional. Aumenta su capacidad para leer el significado de las expresiones y los mensajes de los demás mientras intenta persuadirlos y levantarles el ánimo. Hay que esforzarse mucho para intentar comprender a la gente. Sin embargo, la empatía, la inteligencia emocional y la conciencia emocional pueden ayudar.

He aquí algunas estrategias que le ayudarán a entender lo que la gente puede estar tratando de expresar:

1. Mejorar el autocontrol con inteligencia emocional

Mantener la calma y controlar las emociones mejora la comunicación y permite ver las cosas desde la perspectiva de los demás. Sus sentimientos influyen en la comunicación, y controlarlos le permitirá interactuar con los demás de forma más eficaz.

La inteligencia emocional le permite controlar sus pensamientos, sentimientos y expresiones en situaciones de estrés y le ayuda a responder de forma reflexiva. Mejora su autocontrol, evita que las emociones y los nervios le dominen y, en lugar de hablar con rapidez o agresividad, mantendrá la calma y podrá mantener conversaciones razonables.

Comprender las expresiones de la gente en el trabajo requiere inteligencia emocional. El estrés, la carga pesada y la presión son habituales en el lugar de trabajo. Responder de forma inadecuada o malinterpretar información puede provocar discusiones, conflictos o incluso que se pierda el trabajo. Sin embargo, el ejercicio de la inteligencia emocional permite controlar la situación, comprender los sentimientos de los demás y responder de forma constructiva. Comprender a los demás le hace accesible y le permite influir en sus emociones. Si entiende a la gente, puede prevenir o minimizar los conflictos, trabajar la frustración y fomentar la felicidad en el hogar o la oficina. Consigue animarles a todos, hablar de sus emociones y construir mejores relaciones laborales, lo que en última instancia aumenta la productividad.

2. Leer las situaciones

La inteligencia emocional es la capacidad de descifrar no sólo los sentimientos propios, sino también los de los demás. Comprender las emociones de los demás y dar sentido al entorno que nos rodea facilita alcanzar compromisos y soluciones productivas mediante una comunicación eficaz y significativa.

Esto implica autorregularse, escuchar y responder en una conversación. Saber mantener la conveniencia de sus respuestas, dominar las reacciones impulsivas y frenar antes de expresar opiniones fuertes o críticas.

Reaccionar por impulso a las expresiones de los demás crea una brecha en la comunicación, que no es saludable, mientras que entender cómo se siente la otra parte, comprender su estado mental o emocional, intentar ponerse en su lugar o experimentar lo que le está pasando permite tomar decisiones racionales. Cuando combina inteligencia emocional y conciencia emocional, puede entender mejor a las personas.

Cuando mantiene una conversación con un amigo que sufre ansiedad, desamor o pérdida, la inteligencia emocional le aconseja sobre la mejor forma de actuar y le recuerda que debe escuchar activamente en lugar de molestar a la persona con sus propias preocupaciones. En estas conversaciones sabrá si es el momento adecuado para expresar sus sentimientos más profundos, una idea nueva o un descubrimiento. Sabrá cuándo y cómo responder.

Cuando un amigo necesite que alguien le escuche, será la inteligencia emocional la que le ayude a determinar si debe hablar o simplemente escuchar. Le permitirá evaluar la situación, adaptarse a ella y aportar una solución adecuada a la conversación. Entenderá cuándo participar y cuándo permanecer en silencio durante una conversación. Evitará conflictos, evitará que los problemas se agraven y será diplomático en su trato con los demás.

3. Empatía y comprensión

La empatía implica relacionarse y comprender las emociones de los demás. Ver las cosas desde la perspectiva de los demás e intentar experimentar cómo se sienten mejora la comunicación y las relaciones en el hogar, la oficina y la universidad. La empatía es esencial en la comunicación. Implica comprender las circunstancias de los demás y los sentimientos que la situación puede suscitar en el individuo. Tras identificar lo que una persona intenta expresar o lo que está experimentando, el siguiente paso es intentar relacionarse con esa situación.

Cultive la empatía, ya que es crucial comprender lo que les ocurre a otras personas y pensar como ellas. Para ser eficaz a la hora de ayudar a los demás, tiene que observar sus palabras y acciones. Si trabaja en el mismo lugar, fíjese en sus condiciones laborales o su actitud ante el trabajo, haga preguntas empáticas para averiguar cuál es la causa del problema, intente entender cómo se sienten y haga que hablen más de la situación.

Si su jefe o un compañero muestra un comportamiento irritable en el trabajo, no reaccione de la misma manera. En lugar de eso, averigüe qué le pasa, intente comprender cómo se siente y ofrézcale ayuda según sea necesario y apropiado. Para entender a la gente, debe ponerse en su lugar y ver las cosas desde su perspectiva. Esto le permite ayudarles e interactuar de forma más adecuada. Con empatía, puede evitar conflictos y establecer expectativas realistas para usted y su relación con su jefe, colega o amigo.

4. Reflexionar antes de reaccionar

Las emociones influyen en cómo percibe, comprende, maneja y responde a los demás. Comprender las emociones de los demás nos obliga a empatizar antes de actuar u ofrecer una solución pertinente a esa situación. Combinar la empatía, la inteligencia emocional y la conciencia emocional le permite leer, relacionarse y responder a una situación de forma adecuada y a tiempo.

Las emociones humanas son una red enmarañada por la que cualquiera puede navegar, pero llegar al punto entre la funcionalidad mental y emocional le permite ver lo que está pasando antes de actuar. Para comprender plenamente lo que sienten los demás, primero debe dominar sus propias emociones. Tomar el control de sus propias emociones evita que sea agresivo, exigente o poco útil para la persona con la que habla, y comprender las emociones de los demás hace que sea más fácil ayudarles.

Será capaz de detectar y recoger datos emocionales y mentales, examinarlos e interpretarlos, y luego ser útil con una respuesta adecuada. Será capaz de pensar en lo que tiene delante y responder adecuadamente. Sabrá cuándo es apropiado responder o permanecer pasivo mientras escucha y ofrece ayuda según sea necesario.

5. Generar confianza

La comunicación eficaz no puede darse sin confianza. Crear confianza con la persona sienta las bases para una buena conversación. Mirar las cosas a través de sus ojos y conseguir que se abra sólo puede ocurrir si hay confianza. Nunca se sabe hasta dónde puede llegar algo tan simple como un apretón de manos. Establecer contacto visual y sentarse al lado o enfrente de la persona puede ayudar a iniciar una conversación.

Como puede ponerse en su lugar y la inteligencia emocional le permite predecir las emociones que pueden llevar a una acción concreta, hable como si estuviera en la misma situación. Si ha pasado por ello, describa su experiencia y cómo la superó. La confianza es esencial para entender a los demás, así que tenga cuidado de no perderla a medida que construye sus círculos sociales y laborales.

Reconocer los defectos y errores que pueden producirse al entender a las personas mantiene la conversación en movimiento. Ayudar a la persona a entender que los errores ocurren también puede ayudarla a admitir sus sentimientos, abrirse y mantener conversaciones difíciles.

Los malentendidos ocurren en el trabajo, en casa e incluso con los amigos, pero pueden evitarse si utiliza la inteligencia emocional. Un colega puede estar enfadado por hechos pasados, o un niño o un profesor pueden haber molestado a un familiar, que luego actuó contra usted. Con inteligencia emocional, puede reflexionar sobre su respuesta y aceptar que un acontecimiento o circunstancia del pasado puede haber causado ese comportamiento, al tiempo que comprende perfectamente que no ha hecho nada malo para justificar ese grado de reacción. Comprender las emociones ayuda enormemente a una comunicación eficaz. Demostrar atención, empatía e inteligencia al abordar conversaciones y situaciones emocionales también ayuda a la comunicación.

Cómo mejorar las relaciones y evaluar las emociones de los demás

Desarrollarse emocionalmente e intentar deducir las emociones que otros esconden tras sus palabras es una tarea difícil. Las habilidades emocionales son extremadamente beneficiosas y, aunque pueden ser innatas, también pueden aprenderse. Con práctica y dedicación constantes, puede leer de forma sustantiva el significado de los mensajes y expresiones de los demás.

Entre los ejercicios para el desarrollo emocional y la deducción de emociones se incluyen:

Practicar la atención plena

Su mente es un vasto espacio que alberga sus pensamientos, sentimientos y emociones. Por lo tanto, aprender a comprender y centrarse en un acontecimiento concreto le ayudará a comprender a los demás. Será más fácil relacionarse con los demás si puede entrenar su mente para centrarse en el momento presente, prestar atención a una conversación y no hacer juicios precipitados.

La atención plena es la forma de apreciar los distintos momentos de la vida y experimentar las sensaciones físicas y mentales. Le permite mantener la calma, ver las cosas desde otra perspectiva y mantener la concentración. Practicando la atención plena podrá controlar sus emociones y las de los demás.

Priorizar la escucha

La escucha activa es la forma más eficaz de leer los mensajes emocionales de las personas. Mantenga la mente abierta y presente en la conversación mientras escucha activamente lo que la otra persona tiene que decir. No puede ayudar a alguien si no sabe qué le pasa, y no puede saber qué le pasa si no escucha. Cuando un amigo llama para expresar su consternación o frustración, no puede escuchar las emociones que hay detrás de las palabras pronunciadas si está distraído.

También puede ponerse en su lugar si se pone en contacto con usted a través de un mensaje de texto e intenta leer su intención. Busque señales verbales como tonos de voz o señales no verbales durante las conversaciones. Si insisten en que están bien y tienen las cosas bajo control, haga caso, pero mantenga conversaciones posteriores.

Explorar las diferencias

No puede dar buenos consejos si tiene una mentalidad y un estilo de vida rígidos. Dirá que sean como usted en lugar de ayudar viendo más allá de sus emociones. Investigue otras culturas, solicite la opinión de otras personas, pruebe cosas nuevas y sea siempre curioso.

Intente ver o experimentar las cosas desde su perspectiva. No querrá ayudar a alguien y que luego le digan: «Usted no sabe de lo que habla». Puede que no haya crecido o vivido las cosas de la misma manera que otros, pero tener una idea, una percepción o un indicio de lo que es ser ellos puede ayudar a entender a los demás.

Ofrecer ayuda

Ponerse en el lugar de la otra persona o sentir su dolor no es suficiente. Intente también levantarles el ánimo. Los sentimientos son bonitos, pero no bastan. Lo que importa es lo que hace. Arriésguese si puede a proporcionar ayuda física para aliviar el dolor, el estrés o el malestar.

Para aligerar el ánimo y reducir la carga, utilice el humor y la risa, que son antídotos naturales contra el estrés. La empatía y la conciencia emocional son útiles, pero si puede ofrecer ayuda, es probable que la persona lo aprecie más.

La comunicación tiene más que ver con las emociones que con la información, por lo que comprender las emociones es esencial para una comunicación eficaz. Es difícil hablar de las emociones y de cómo afectan a nuestra comunicación diaria, y entender cómo nuestros estados de ánimo, sentimientos y estados mentales pueden expresarse u ocultarse tras las palabras u otras formas de expresión puede mejorar o degradar la comunicación.

La empatía, la conciencia emocional y la inteligencia emocional desempeñan un papel importante en la comunicación. Utilizarlas puede ayudarle a comprender las emociones expresadas en las palabras de otras personas. Debe ser capaz de manejar, gestionar y percibir sus propias emociones y las de los demás, al tiempo que utiliza la conciencia emocional y la inteligencia emocional para controlar sus pensamientos y posibles respuestas a una situación.

El desarrollo emocional pretende lograr esto prestando atención no sólo a las palabras, sino también al mensaje genuino que se transmite en las declaraciones que le hacen. Ser emocionalmente sensato, consciente y responsable ante los demás facilita la mejora de las relaciones y las conversaciones.

Prestar atención, escuchar activamente y ser consciente de su respuesta son estrategias a emplear. No basta con sentir y experimentar el dolor de los demás. También hay que generar confianza y, cuando sea necesario, actuar. Sólo entonces podrá aprovechar plenamente el potencial de una comunicación eficaz.

Capítulo 4: Cómo puede el lenguaje corporal crear o detener una conversación

Nos han dicho una y otra vez que «pensemos antes de hablar», pero es muy poco probable que el mero hecho de seguir este principio de oro conduzca a conversaciones fructíferas. Las palabras constituyen sólo alrededor del 30 % del mensaje que se transmite en una conversación, y el 70 % de lo que absorbe el oyente depende del lenguaje corporal y del tono de voz. Por tanto, elegir las palabras adecuadas es sólo una pequeña parte de la ecuación.

El lenguaje corporal incluye todas las señales no verbales
https://www.pexels.com/photo/woman-with-steepled-fingers-7320508/

El lenguaje corporal es la forma silenciosa de comunicación que desempeña un papel fundamental en una conversación. Incluye todas las señales no verbales, los gestos, la postura, las expresiones faciales y también el tono. El lenguaje corporal transmite más que las palabras.

El impacto del lenguaje corporal

Es un poco alarmante que el lenguaje corporal desempeñe un papel tan importante en la comunicación y que, sin embargo, no seamos conscientes de lo que hace el cuerpo al hablar. Un mal lenguaje corporal es desagradable, ofensivo y a veces hiriente. También es necesario aprender activamente a entender y practicar las señales no verbales positivas para mantener conversaciones más agradables.

El lenguaje corporal nos ayuda a entender a los demás y a expresarnos mejor. A través del lenguaje corporal se pueden entender las emociones y los pensamientos de una persona. Por ejemplo, una cabeza inclinada y un contacto visual directo pueden mostrar que la persona está interesada en la conversación y escucha con atención.

El lenguaje corporal puede ayudar a entender mejor a las personas y a entablar relaciones sólidas con ellas. También puede ayudar a interpretar la reacción de alguien a algo que está diciendo. Por ejemplo, si alguien le frunce el ceño, significa que está enfadado o que no está de acuerdo con sus opiniones. Su lenguaje corporal puede ser intencionado o no, positivo o negativo. Cuando aprenda más sobre él, podrá eliminar los rasgos negativos involuntarios e incorporar intencionadamente los positivos. Aprender sobre el lenguaje corporal puede ayudar a comunicarse con eficacia y ser más seguro y atractivo.

Cómo puede ser el lenguaje corporal una barrera de comunicación

El lenguaje corporal puede convertirse en una barrera de comunicación porque habla más que las palabras. Por ejemplo, si alguien está hablando de un tema delicado y usted dice «le escucho», pero no muestra ninguna expresión facial que respalde sus palabras, lo más probable es que no le crean y dejen de hablarle. Supongamos que su lenguaje corporal demuestra que está nervioso o ansioso. En ese caso, la gente puede encontrarlo lo suficientemente desagradable como para evitar hablar con usted. Una persona que evita el contacto visual, mantiene la cabeza gacha y tiene una postura encorvada se considerará desinteresada de la conversación. Sin embargo, un lenguaje corporal positivo atrae a las personas para que empiecen a comunicarse con usted y continúen haciéndolo.

Tipos de comunicación no verbal

1. **Expresiones faciales:** son lo primero que verá una persona mientras habla con usted. Si sus expresiones le hacen parecer desinteresado, no hay forma de que sus palabras aseguren a la otra persona que está realmente interesado.

2. **Gestos:** saludar con la mano es un gesto amable. También puede usar gestos para apoyar sus palabras, como un pulgar hacia arriba cuando está de acuerdo con algo.

3. **Contacto visual:** mantener el contacto visual puede enfatizar su presencia. Poner los ojos en blanco es señal de desagrado o irritación. Los ojos son una ventana al alma y pueden expresar mucho.

4. **Postura:** su postura puede indicar su nivel de comodidad, autoestima, confianza e interés en la conversación.

5. **Proxémica:** el uso de la distancia al comunicarse.

6. **Paralenguaje:** incluye la forma de hablar, el tono, la velocidad, el ritmo y el volumen.

7. **Háptico:** se refiere al lenguaje corporal que implica el tacto, como los abrazos, los apretones de manos y chocar cinco.

Cómo interpretar las emociones a partir del lenguaje corporal

Puede leer el lenguaje corporal de una persona a partir de las distintas partes de su cuerpo, incluidos los ojos, las manos, la cara y los pies. Observar todo esto y llegar a una conclusión es mejor que interpretar algo mirando una sola parte. A veces una persona no puede expresar lo que quiere, pero su lenguaje corporal transmitirá su mensaje.

Por ejemplo, si su amigo le dice que está bien, pero sus ojos están llorosos, su tono es tembloroso y no sonríe, puede concluir que está disgustado por algo, pero no se siente cómodo compartiéndolo. Puede animarle a que comparta sus problemas con usted y hacerle ver que no lo juzgará; simplemente le escuchará con empatía, lo que puede ayudarle a abrirse a usted y a crear un vínculo mejor.

Las expresiones faciales por sí solas pueden mostrar mucho sobre lo que siente una persona, y por eso se consideran una forma universal de comunicación. El eminente investigador y psicólogo estadounidense Paul Ekman ha publicado multitud de trabajos sobre el tema que confirman lo importantes que son las expresiones faciales para la comunicación.

Aunque no existiera el lenguaje hablado, sería posible entender las emociones de otra persona a través de sus expresiones faciales. Una cara sonriente muestra felicidad, mientras que fruncir el ceño es señal de tristeza. La ira, el miedo, la confusión, la excitación y el deseo son emociones que pueden comprenderse con sólo observar las expresiones faciales.

Otras partes del cuerpo también desempeñan un papel fundamental en la comprensión de las emociones. Piense en una persona sentada a su lado que se muerde constantemente las uñas y mueve las piernas. Podría entender que está estresado o ansioso. No ha habido ni un solo intercambio de palabras, pero ha comprendido su estado de ánimo observando su lenguaje corporal. Esto demuestra la importancia del lenguaje corporal para comprender sentimientos, emociones y estados de ánimo.

Señales no verbales positivas

A menudo, no somos conscientes de nuestra comunicación no verbal a través de nuestros movimientos corporales, gestos y posturas. Si sabe más sobre las señales no verbales positivas, podrá incorporarlas conscientemente a su vida diaria. Le ayudará a comunicarse mejor y a dejar una primera impresión notable de su personalidad en quienes le conozcan.

Estos son algunos de los ejemplos más importantes de señales no verbales positivas.

1. Buena postura

Una buena postura transmite que no está nervioso, ansioso o confundido. Para mantener una buena postura, preste atención a la posición de su cabeza, hombros y espalda. Mantener la cabeza alta, los hombros relajados y la espalda recta le hará parecer cómodo y seguro de sí mismo.

2. Inclinarse

Es importante mantener la espalda recta cuando está hablando porque demuestra confianza. Sin embargo, cuando la otra persona está hablando, inclinarse un poco es una forma probada de mostrar interés y empatía. Inclinándose puede hacer que el interlocutor se sienta más cómodo, ya que transmite el mensaje de que está totalmente involucrado en la conversación.

3. Contacto visual

No es fácil. Muy poco o demasiado puede arruinar toda la conversación. Romper el contacto visual de vez en cuando para que no parezca que está mirando fijamente forma parte de la comunicación y la conversación efectivas.

4. Brazos

Cruzar los brazos es como levantar un escudo para defenderse de un ataque. Este gesto indica que podría estar asustado y a la defensiva y que está dispuesto a terminar la conversación cuanto antes. Si éste no es el mensaje que desea transmitir, deje que cuelguen cómodamente a los lados. Si está sentado, juntar las manos sobre el regazo es una buena forma de mostrar interés y ganas.

Cómo parecer seguro de sí mismo

Una postura recta es una señal no verbal positiva esencial que puede ayudarle a parecer seguro de sí mismo. Si se encorva y cruza los brazos o las piernas, intente abandonar este hábito, ya que indica ansiedad social y le hace parecer menos seguro de usted mismo. No se meta las manos en los bolsillos ni mire hacia abajo mientras habla o camina, porque esos gestos también le hacen parecer ansioso y nervioso. Si tiene la costumbre de mover las piernas, morderse las uñas o sacudir las rodillas, intente controlarlo. No será fácil al principio, pero realzará su personalidad y le hará parecer más seguro de usted mismo.

Mantenga siempre el contacto visual mientras escucha o habla porque demuestra que está prestando atención y le interesa la conversación. Mantener el contacto visual mientras habla es señal de que se siente seguro y positivo sobre el tema que está tratando.

Estreche siempre la mano con firmeza, ni demasiado fuerte ni demasiado suave. Esto puede ser sencillo, pero puede revelar mucho sobre su personalidad. Ralentice sus movimientos cuando avance para estrechar la mano, ya que los movimientos rápidos y enérgicos pueden interpretarse como ansiedad.

El tono de voz adecuado es una señal no verbal positiva crucial. No se trata de lo que dice, sino de cómo habla. Puede mejorar sus habilidades comunicativas trabajando el tono, la entonación y las pausas entre las palabras.

Las señales no verbales positivas demuestran que está interesado en la conversación.

Asentir

Si asiente siempre que esté de acuerdo con el punto de vista de otra persona, demostrará que está prestando atención. Asentir con una sonrisa indica que está interesado y entusiasmado con la conversación.

Palmas abiertas

Las palmas abiertas indican que no está a la defensiva, sino abierto a lo que diga la otra persona. Significa que recibe su opinión y sus ideas abiertamente, sin ponerse a la defensiva.

Inclinarse hacia delante

Inclinarse hacia delante en una conversación se interpreta como un signo de compromiso e interés en la conversación. Demuestra que quiere escuchar mejor al interlocutor.

Contacto visual

El contacto visual puede hacer que el interlocutor se sienta escuchado. Aunque el contacto visual es muy importante, no lo haga hasta el punto de que la otra persona se sienta incómoda.

Señales no verbales positivas que demuestran empatía

Cara relajada

Un rostro relajado puede mostrar que tiene una personalidad suave. La suavidad es la clave de la empatía. Mantenga la mirada severa para cuando quiera ser severo, y mire con suavidad a la otra persona. Sonría más a menudo para parecer más accesible.

Cejas

Sus cejas pueden expresar mucho. Mientras escucha a alguien, levantar las cejas puede mostrar que está realmente preocupado por esa persona. Demuestra que está a su lado.

Voz

Su tono suave puede hacer mucho más de lo que cree. Hablar despacio y con un tono suave es señal de que es amable, tranquilo y cariñoso.

Respiración

Puede que se haya dado cuenta de que su respiración cambia según las distintas emociones. Cuando está enfadado o frustrado, respira más deprisa. Intente respirar lenta, profunda y tranquilamente. Demuestra que tiene una personalidad relajada.

Uso de las manos

Puede utilizar las manos mientras escucha a los demás para mostrar empatía. Por ejemplo, si alguien está ansioso, nervioso o atascado con un problema, puede cogerle y apretarle la mano para demostrarle que quiere estar a su lado. Poner una mano en el hombro de alguien durante una conversación también demuestra que tiene una personalidad amistosa.

Reflejar

El reflejo consiste en copiar o imitar el lenguaje corporal, el tono, la postura, etc. de la otra persona. Demuestra que está interesado y totalmente involucrado en la conversación. Por ejemplo, igualar su tono, ritmo y volumen demostrará que tiene la misma energía y vibración. El reflejo es una forma de comunicación activa, porque cuando alguien ve un reflejo de sí mismo en las acciones de otra persona, automáticamente desarrolla confianza y se siente cómodo. No exagere.

Señales no verbales negativas

Las señales no verbales negativas incluyen gestos, posturas y expresiones que pueden ofender a los demás o herir y disminuir su influencia y respeto. Pueden ser intencionados o no. Las señales no verbales negativas pueden afectar a su vida personal y profesional.

A continuación, encontrará una lista de señales no verbales que debe evitar.

Mantener la distancia

Mantener una distancia saludable en la comunicación es crucial. Al comunicarse, nunca debe sentir que está invadiendo el espacio personal de la otra persona.

Tenga en cuenta sus expresiones faciales

A veces no somos conscientes de las expresiones faciales que transmitimos a los demás. Las expresiones faciales negativas pueden romper una conversación. Controlar las expresiones faciales es una tarea bastante difícil, pero puede aprender a hacerlo practicando delante de un espejo. Tiene que mantener la cara recta y relajada. Afloje la mandíbula y relaje la frente.

Tocarse constantemente la cara y el pelo

Puede parecer un hábito inofensivo, pero demuestra que está distraído y no le interesa la conversación, de ahí que busque formas de distraerse. Puede que le resulte difícil superar este hábito, pero ser consciente de él, y trabajarlo poco a poco, le ayudará a dejarlo.

Taparse la boca

Taparse la boca durante una conversación puede demostrar que está ansioso o que no tiene confianza. La mayoría de la gente lo hace cuando está en conversaciones de grupo, ya sean personales o reuniones profesionales de oficina.

Contacto visual

Evitar el contacto visual puede interpretarse como poca confianza, falta de autoestima o miedo a mentir. La gente no mira a los ojos de otra persona cuando miente, por lo que podría malinterpretarse si tiene dificultades con esto. Sin embargo, en algunas culturas se considera una falta de respeto, así que debe juzgar en función de la situación.

Demasiado contacto visual, es decir, mirar fijamente, también es una señal no verbal negativa porque hace que la otra persona se sienta incómoda.

Brazos cruzados

Esto se conoce como un signo de actitud defensiva o de incomodidad. Crea una barrera entre usted y la persona con la que se comunica. Demuestra que está incómodo o que no está de acuerdo con sus pensamientos.

Movimientos de la mano

Demasiados movimientos rápidos de la mano o del cuerpo demuestran que está ansioso o nervioso. Sudar mientras mantiene una conversación también es un signo de ansiedad.

Desviar la mirada

Desviar la mirada hacia diversos objetos (como relojes de pared y cuadros) o consultar constantemente el teléfono puede molestar a la persona con la que se está comunicando. Puede pensar que no está interesado en la conversación.

¿Cómo puede salir mal la comunicación no verbal?

Cómo se comunica a través de su lenguaje corporal afecta a cómo le ve la gente. Puede que añada señales no verbales sin querer, pero la gente no las ignora. A veces cree que lo está haciendo todo bien, pero las cosas salen mal debido a esas señales no verbales involuntarias. A continuación, encontrará algunos ejemplos de cómo la comunicación no verbal puede salir mal:

1. Jane es joven, guapa e inteligente. Tiene sentido del humor y se lleva bien con todo el mundo. Sin embargo, no es capaz de entablar una relación duradera o una amistad porque mueve constantemente las piernas, se muerde las uñas y mueve violentamente las manos. Está constantemente ansiosa, y cualquiera que esté cerca de ella también lo siente.

2. Simón es una persona empática, cree que se lleva bien con todos en la oficina, pero si pregunta a sus compañeros, no están de acuerdo con eso porque lo encuentran demasiado intenso. No mantiene una distancia saludable e invade el espacio privado de todos. Mientras da la mano, lo hace con tanta firmeza que la otra persona se siente incómoda.

3. Mike es un chico joven que intenta ser simpático, pero todavía no tiene amigos. Puede iniciar amistades, pero no puede hacer que duren. Esto se debe a que la cara de Mike se pone roja cada vez que alguien da su opinión, y sus expresiones faciales muestran que no está de acuerdo con ellos. Esto aleja a todo el mundo.

4. Alexa felicitó a Megan por su ascenso, pero Megan notó los celos y la tristeza en su tono. Así Megan pudo interpretar que Alexa no estaba contenta con su éxito.

Los pequeños detalles que hace inconscientemente desempeñan un papel importante en la formación de su imagen ante quienes le observan.

Cómo desarrollar una mejor comunicación no verbal

Estos son algunos consejos que puede utilizar en la vida diaria para desarrollar gradualmente sus habilidades de comunicación no verbal:

Obsérvese

Debe observarse a sí mismo y prestar atención a todas las señales no verbales involuntarias que utiliza en su vida cotidiana. Piense en su postura y tono habituales y en cómo cambian durante diferentes emociones como la ira, la tristeza y el nerviosismo. Evalúe qué debe cambiar y trabaje en ello.

Evite utilizar señales no verbales incompatibles

¿Dice que está bien mientras mueve las piernas? Esto es señal de que está dando mensajes contradictorios. La otra persona entenderá que en realidad no está bien, y que intenta ocultar sus sentimientos.

Aprenda de los demás

Observe qué tipo de señales no verbales utilizan los demás para expresarse o mientras mantienen una conversación. Por ejemplo, si hay una persona segura de sí misma, puede fijarse en las señales que le hacen parecer así e intente copiarlas.

No hay una regla estricta

No hay ninguna regla estricta que diga que una determinada señal no verbal significa algo concreto. El significado de las señales no verbales puede variar en función de aspectos personales y culturales. Hay que preguntar antes de suponer. Por ejemplo, si alguien mira hacia abajo mientras habla con usted, puede preguntarle si lo hace por costumbre o si algo le molesta.

Relación entre confianza y lenguaje corporal

Amy Cuddy es una investigadora de la Universidad de Harvard que estudió el lenguaje corporal y su efecto en la confianza. Según su investigación, el lenguaje corporal relajado y abierto o las poses de alto poder deberían aumentar la confianza más que un cuerpo cerrado y rígido. Las posturas de gran potencia aumentan la testosterona y reducen el cortisol, lo que en última instancia aumenta la confianza. Mucha gente practica posturas de gran potencia por la mañana para mantener la confianza a lo largo del día. Mantener una postura correcta durante todo el día aumentará mucho sus niveles de confianza.

Algunas interpretaciones no verbales habituales:

- **Inclinarse hacia una persona:** Demuestra interés por la conversación, pero a veces se interpreta como agresividad.

- **Evitar el contacto visual:** Puede interpretarse como timidez, falta de confianza, falta de autoestima e incluso miedo.

- **Cruzar los brazos o las piernas:** Se interpreta sobre todo como actitud defensiva, pero algunas personas lo hacen porque están nerviosas o porque es un hábito.

- **Mover las piernas:** Signo de nerviosismo, ansiedad o aburrimiento.

- **Cerrar el puño:** Esto demuestra agresividad en la mayoría de los casos, pero algunas personas pueden hacerlo porque se sienten amenazadas.

- **Poner los ojos en blanco:** Irritación, enfado o aburrimiento.

Aunque entender el lenguaje corporal y aprender a interpretarlo ayuda a potenciar las habilidades comunicativas, no hay reglas estrictas al respecto. Puede variar según la situación. Por ejemplo, poner la mano en el hombro de alguien en el trabajo podría considerarse una mala señal, pero si lo hace en una reunión de amigos, puede considerarse un gesto amistoso. Del mismo modo, esto también puede variar de una persona a otra. Algunas personas se muerden las uñas porque es un hábito y no por ansiedad o nerviosismo. Si está confundido sobre el lenguaje corporal de alguien, siempre puede hacer preguntas que le ayuden a entenderlo mejor. Puede observar el lenguaje corporal de una persona en su conjunto en lugar de fijarse en señales individuales para llegar a una mejor conclusión. Por ejemplo, supongamos que alguien se inclina hacia delante y no sabe si lo hace porque está interesado o porque es agresivo. En ese caso, puede saber la verdad fijándose en sus expresiones faciales. Si se inclina hacia delante mientras sonríe, es evidente que está interesado en usted y en la conversación.

Un buen lenguaje corporal no es algo con lo que se nace o sin lo que se nace. Es algo que se puede aprender, practicar y perfeccionar. Mantener una conversación importante sin comprender y practicar las señales no verbales positivas es como hacer ejercicio sin trabajar los músculos. Lo segundo dañará sus músculos y lo primero dañará sus relaciones.

Capítulo 5: Cómo iniciar una conversación... con cualquiera

¿Qué mejor manera de expresarse y de ayudar a los demás a entenderlo que a través de la comunicación?

Una buena conversación puede hacer que ambos participantes aprendan cosas nuevas y les proporcione recuerdos maravillosos para el futuro

Incluso si es introvertido, hay estrategias que puede emplear para facilitar cualquier conversación. Entablar conversación con desconocidos puede ser todo un reto, sobre todo si no se siente seguro de usted mismo o no tiene ninguna forma interesante de captar su atención.

Todas sus preocupaciones y suposiciones parecen estar basadas únicamente en lo que tiene en la cabeza. Iniciar una conversación es sencillo si entiende bien la personalidad de la persona.

Una gran conversación puede hacer que ambos participantes aprendan cosas nuevas y les proporcione recuerdos maravillosos para el futuro.

La clave del éxito en este tipo de interacciones sociales es desarrollar algunos temas de conversación sobresalientes que pueda utilizar para entablar conversaciones atractivas con cualquier persona, ya sea en un entorno social o de negocios.

Observe el estado de ánimo de las personas que le rodean y elija el momento adecuado para iniciar una conversación. Observando a la gente, puede leer las señales sociales y luego ser capaz de iniciar una conversación. Elija el momento con cuidado para no estropear la primera impresión que cause a los demás.

Cómo puede ayudarle la comunicación a entablar relaciones sociales

Tener buenas relaciones con la gente disminuye los sentimientos de estrés y ansiedad. Su salud mental estará en peligro y su ansiedad aumentará si sus relaciones con los demás no son saludables. Esto puede hacer que evite las situaciones sociales e impedir que desarrolle relaciones positivas.

Cuando desea desesperadamente hacer amigos o conocer gente nueva, pero tiene miedo de dar el primer paso, puede empezar a sentir ansiedad y estrés mental.

La desventaja de evitar las relaciones sociales es que no podrá desarrollar la confianza que surge de interactuar con los demás. No podrá desarrollar buenas habilidades de comunicación que podrían haber aumentado sus posibilidades de tener relaciones satisfactorias.

Por ejemplo, supongamos que tiene miedo de tener una cita con alguien, quizá por falta de confianza o de experiencia. En ese caso, será incapaz de manejar situaciones como saber qué decir o qué ponerse. Es casi seguro que tiene la capacidad, pero le falta la confianza para ponerla en práctica. A continuación, le ofrecemos algunos consejos para iniciar una conversación.

La mejor manera de iniciar una conversación

El primer paso para desarrollar una relación social sana es comunicar sus intenciones y opiniones, que no tienen por qué ser verbales. La gran mayoría de nuestras interacciones son no verbales. Cualquiera que preste atención a su lenguaje corporal captará generalmente su mensaje.

Una persona sorda captará su mensaje simplemente observando sus movimientos oculares y otras señales del lenguaje corporal. Debe estar atento a las señales que envía su cuerpo en situaciones sociales, ya que podrían interpretarse de un modo que no pretendía.

Por otro lado, las habilidades de comunicación verbal y no verbal pueden ayudar a compartir conocimientos, ideas, sugerencias y otra información valiosa con los demás, lo que le permitirá estrechar lazos con ellos.

La comunicación es esencial para establecer vínculos sociales; una forma fácil de iniciar una conversación es hacer cumplidos a los demás. Hable de ellos o de un tema interesante al azar en lugar de hablar de usted. Deje hablar a los demás y sea un buen oyente porque a nadie le gusta hablar con alguien que no está atento. Si demuestra que puede aceptar e incluso apreciar diferentes puntos de vista, fomentará más la conversación y se ganará el respeto de sus compañeros y de cualquier persona con la que interactúe.

La comunicación le hace sentir menos ansioso, mejora su capacidad para hablar con los demás, aumenta su confianza y le permite aprender de los demás.

Estrategias para iniciar una conversación con desconocidos

A lo largo de su vida, se encontrará con diferentes personas en diversos entornos. Saber cómo iniciar una conversación con estos nuevos conocidos puede resultar difícil.

Cuando consigue iniciar una conversación de forma positiva, ésta puede convertirse en algo más interesante. La mayoría de las veces, sólo tenemos una oportunidad de entablar conversación con un desconocido, y si la echamos a perder, todo lo demás se echa a perder.

La forma de comunicarse con un desconocido en una oficina difiere de la forma de comunicarse con alguien en una tienda de comestibles.

Diferentes escenarios dictan enfoques específicos. Iniciar una conversación con un desconocido puede resultar incómodo, por lo que hay que saber por dónde y cuándo empezar.

- No le haga perder el tiempo. Mantenga una conversación breve si nota que está preocupado.

Mantenga la calma y la confianza al iniciar una conversación. Respire hondo y organice sus pensamientos. No quedará bien si el desconocido ve que está nervioso.

1. Mantenga una actitud positiva y absténgase de utilizar un lenguaje corporal que contradiga sus intenciones. Mantenga el contacto visual y muéstrese amable, ya que así demostrará que es simpático y confiado.

2. Puede empezar con una pregunta sobre algo que tengan en común, como las noticias, el tiempo o la elección del almuerzo: su situación influirá en el tema. Piense en preguntas o comentarios que puede hacer sobre el tema mientras responden para mantener la conversación.

3. Los cumplidos funcionan como magia cuando se acerca a desconocidos porque a la mayoría de la gente le gusta que la admiren. Puede decir algo como: «Me gustan mucho sus zapatos». Este cumplido puede suscitar más conversación sobre los zapatos. Hay que seguir con preguntas adicionales, como si hay otros colores disponibles y dónde los compraron. No todo el mundo estará dispuesto a responder sus preguntas adicionales, pero independientemente de la respuesta, mantenga una actitud positiva.

4. Utilice algo de su entorno inmediato para iniciar una conversación. Si está en un restaurante, señale su lugar favorito e invite al desconocido a probarlo.

5. También puede preguntar: «¿Vive en este barrio? Vi su auto pasar junto al mío el otro día».

6. ¿Quiere simplificar las cosas? Entonces empiece con una presentación. «Hola, me llamo... Me mudé hace poco al barrio y vengo todos los viernes a jugar al tenis. Espero verlo por aquí». Esto le dará algunas ideas para su próxima reunión. Recuerde

que está hablando con un desconocido, así que no le cuente demasiado sobre usted de entrada para no aburrirle. Deje que ellos también hablen de sí mismos.

7. Ayude a alguien que no conozca. Ayudar a un desconocido a llevar una caja o una bolsa es el momento ideal para entablar conversación. Mientras le ayuda, haga preguntas como: «¿Se acaba de mudar aquí?». Cuando se ofrezca a ayudar a un desconocido y le diga que sí, aproveche para hacer otras preguntas que no tengan que ver con usted.

8. Muéstrese abierto a escuchar las opiniones de los demás. Si va a comer fuera y no puede decidir qué plato de pollo probar, puede preguntar cuál prefiere. Continúe la conversación con temas relacionados y, posiblemente, pida permiso para compartir la mesa.

9. Manténgase al día de la actualidad y utilice un tema viral para iniciar una conversación. A medida que respondan, surgirán otros temas interesantes y la conversación fluirá.

10. Pedir ayuda también es una buena forma de iniciar una conversación. Cuando sea nuevo en una situación, pida ayuda sobre lo que no sepa o no entienda, y aproveche para iniciar una gran conversación.

11. Cuando conozca personas que compartan sus intereses, aproveche la oportunidad para hablar de ellos, acordándose de dejarles manejar la conversación al principio. Esta es una gran manera de conseguir que se entusiasmen al hablar con usted.

12. Haga un comentario que demuestre que se ha fijado en el desconocido. Diga algo como: «Vi que escribes con la mano izquierda. Yo también soy zurdo». Esto hará que el desconocido se sienta más a gusto y posiblemente abierto a seguir conversando.

13. Al iniciar una conversación con un desconocido, puede utilizar su buen sentido del humor para hacerlo reír. Cuente chistes que no sean ofensivos y que estén relacionados con lo que ocurre en el lugar donde se encuentra. Tener un gran sentido del humor hace que sea más fácil hacer amigos y llevarse bien con los demás.

Consejos para causar una buena primera impresión

Nunca se insistirá lo suficiente en la importancia de la primera impresión a la hora de entablar relaciones sociales. Lo que comunica tiene menos peso que cómo lo comunica.

Alguien puede formarse una opinión sobre usted basándose en un simple contacto visual.

Puede argumentar que juzgar a la gente tan rápidamente es injusto, y puede que tenga razón, pero aquí estamos tratando con la realidad, y las suposiciones son inevitables. Las personas que le miran harán muchas suposiciones sobre usted.

Algunas personas se aferran a las primeras impresiones durante demasiado tiempo, a pesar de todo. Creen que su valoración inicial es la más acertada y se empeñan en no cambiar de opinión. Una primera impresión negativa puede arruinar una posible relación.

La gente utiliza las primeras impresiones para filtrar características en los demás que recordarán en interacciones posteriores. Oirá cosas como: «Siempre supe que no se puede confiar en usted desde la primera vez que lo vi». Es difícil cambiar esa primera impresión si no es positiva, así que intente que su primera impresión sea siempre positiva y memorable.

La persistencia de las primeras impresiones puede atribuirse a nuestra naturaleza subconsciente. Incluso cuando se nos presentan pruebas contradictorias, nuestros sesgos cognitivos e implícitos nos impiden revisar nuestra evaluación inicial.

Podemos considerar las primeras impresiones como un capital social que podemos utilizar para reforzar nuestros vínculos con los demás. Una primera impresión positiva puede abrirle nuevas oportunidades, sobre todo si su experiencia y sus cualificaciones encajan.

Aunque tenga miedo, actúe con confianza para dar la impresión de que está seguro de usted mismo. La gente se sentirá atraída por usted si parece seguro de sí mismo.

Los siguientes consejos le ayudarán a causar una buena primera impresión.

Muéstrese seguro de sí mismo

Cuando está rodeado de gente, su responsabilidad es aportar valor; la única forma de hacerlo es investigar y aprender. Una investigación básica sobre su entorno influirá en su decisión sobre cómo vestir y si las malas palabras son aceptables. Prepararse con antelación le hará sentir más a gusto y demostrará su concentración e interés.

Dar apoyo emocional

Prestar atención a las emociones de la otra persona demuestra su empatía. El apoyo emocional no sólo le ayudará a causar una buena primera impresión, sino también a establecer una fuerte conexión con la otra persona. Demuestre que le importa, y creerán que es una persona cariñosa.

Buen lenguaje corporal

Mantenga un lenguaje corporal positivo porque la gente puede malinterpretarlo si está un poco apagado. Las personas sordas dependen mucho de las señales no verbales, como las expresiones faciales y los gestos, para interpretar una conversación. Siéntese derecho y levante la cabeza para mostrar confianza y comodidad. Cruce las piernas y coloque los brazos sobre el regazo. Como gesto de bienvenida, ofrezca un apretón de manos firme, aunque no dañino.

Hable menos y escuche más

Sea un excelente comunicador que escucha más y habla menos. Para ello, asegúrese de hablar menos de la mitad de lo que escucha. Escuchar más demuestra que está atento y que le encanta saber de la otra parte. Es importante hacer que los demás se sientan bien escuchando bien y comunicándose con claridad.

Sea auténtico

Usted es la mejor versión de usted mismo, así que sea fiel a usted mismo. Es fácil identificar a un impostor, y desde luego no querrá que eso se asocie a su reputación. Sea usted mismo y evite intentar demostrar algo en la primera impresión, ya que dará la impresión de ser inseguro. Conozca sus puntos fuertes y débiles y comuníquelos con cuidado.

Vístase bien

¿No es cierto que su forma de vestir determina cómo le tratarán? La gente hará muchas suposiciones sobre usted basándose en lo que lleva puesto. Lo crea o no, cómo viste tiene consecuencias. Por ejemplo, si va a una entrevista de trabajo y viste de manera informal, se asumirá que no se tomará el trabajo en serio.

Sonría de verdad

Una buena primera impresión empieza con una sonrisa. La gente se siente bienvenida y a gusto a su alrededor cuando lleva una sonrisa genuina. No la fuerce porque los ojos no mienten. Cuando sonríe genuinamente, se nota en sus ojos y da la impresión de que es sincero y digno de confianza.

Mantenga el contacto visual

El contacto visual es una técnica de comunicación no verbal que muestra respeto por la persona con la que está hablando. Mantener el contacto visual demuestra que está prestando atención. Mire a la otra persona a los ojos antes de empezar la conversación y siga haciéndolo durante toda la conversación. No confunda mirar fijamente a alguien con un contacto visual correcto.

Sea sugerente

Si se trata de una reunión oficial, investigue sobre la persona y la empresa para hacerse una idea de lo que hacen. Hacer aportes informados durante una conversación contribuirá en gran medida a demostrar su compromiso. No de su opinión demasiado rápido. En lugar de eso, sea sugerente para no empeorar las cosas o enviar un mensaje equivocado.

Lleve un cuaderno para tomar notas si se trata de una reunión de trabajo. No querrá que le perciban como una persona poco comprometida, así que anote algo, aunque pueda recordarlo sin escribirlo.

Use el humor ligero

Un buen sentido del humor le ayudará a relacionarse con la gente de una manera menos tensa. Hacerles reír o sonreír antes de comercializar su producto es una forma excelente de causar una buena primera impresión. Hay que evitar el sarcasmo porque puede resultar contraproducente. Recuerde que está hablando con un desconocido y no tiene ni idea de lo sensible que es, así que mantenga las bromas ligeras.

Cuente una historia

Otra forma de relajarse y centrarse en las personas que le rodean es contarles una historia. Utilice el formato de contar historias para venderse a usted mismo y a su negocio, e incluya experiencias humorísticas para que la historia destaque y sea memorable. Su historia puede adoptar cualquier forma, ya sean consejos, orientación o educación, pero asegúrese de que esté impregnada de humor para que resulte entretenida.

Preste atención

Un buen comunicador es también un buen observador, así que preste atención para encontrar algo en común con la otra persona y aprovéchelo para iniciar una conversación. No se muestre como si lo supiera todo, ya que esto puede intimidar a algunas personas y hacer que le eviten. Y ser un sabelotodo nunca es atractivo, así que deje que la gente participe en el debate antes de matarlo con sus opiniones.

Haga que la conversación gire en torno a la otra persona y no a usted. La gente pensará que es arrogante y que sólo quiere presumir si se centra en usted mismo. Haga que la conversación verse sobre cómo los demás se beneficiarán de lo que dice, y notará que le prestarán atención hasta que termine.

Deje de intentar tener razón, sobre todo cuando trate con alguien a quien acaba de conocer. Estar a la defensiva y ser polémico destruirá la relación incluso antes de que empiece.

Hable con propiedad y claridad

La gente le juzgará por su forma de hablar, que es la primera expresión verbal que recibirán de usted. Sus palabras y el tono de su voz servirán para evaluar su capacidad de liderazgo, su valor cultural y su inteligencia. Hablar entre dientes es un signo de debilidad. En su lugar, hable con claridad para que le escuchen. Combine su tono con una expresión facial impecable que muestre lo que está diciendo sin ocultar sus intenciones.

Cómo dominar las conversaciones triviales para no quedarse sin qué decir

¿No es increíble cómo algunas personas pueden conocer a desconocidos y entablar una conversación que dura horas sin momentos aburridos? Pueden lograrlo con una serie de pequeñas conversaciones conocidas como *small talk*.

Las conversaciones triviales le ayudarán a entablar una conversación con cualquier persona sin sentirse incómodo ni incomodarla. Dominar el arte de la charla trivial mejorará sus habilidades para establecer contactos y conseguirá formar amistades duraderas.

Algunas personas son antisociales, y por mucho que intente hacerles un cumplido o una pregunta, le ignorarán. En lugar de sentirse mal, despídase de ellos y váyase con una actitud positiva. Simplemente diga: «Muy bien, ha sido un placer charlar con usted. Me voy a ver a mis amigos. Nos vemos otro día». Si no les interesa, déjelo estar.

Las conversaciones triviales pretenden ser corteses y no polémicas, así que evite hablar de la guerra, la religión, la política y otros temas delicados. Hablar de esos temas puede acabar aumentando la distancia entre los dos.

Ciertas discusiones en profundidad, como las que tienen que ver con la muerte, las teorías de la conspiración, el fin del mundo y las mencionadas anteriormente, pueden hacer que los que le rodean se sientan incómodos. Evite sacar temas delicados con la excusa de una charla trivial.

Para que la conversación no le interrumpa, amplíela o busque temas relacionados. Por ejemplo, si hace un cumplido sobre la ropa de alguien y se lo agradece, puede preguntarle dónde la compró o si puede pedirla por Internet. Luego puede pasar a hablar de los zapatos que hacen juego con ese vestido, dejando siempre espacio para que ellos aporten más que usted en la conversación.

Conduzca la conversación, pero deje que la otra persona la mantenga con su opinión. Las conversaciones son hilos de temas relacionados que pueden venir de usted o de la otra persona. Esté dispuesto a escuchar las historias de los demás.

Las preguntas son una forma excelente de aprender cosas nuevas siempre que estén relacionadas con la situación. Desviarse del tema podría interpretarse como una falta de interés, y la otra parte también podría desinteresarse.

En lugar de intentar parecer interesante durante una conversación trivial, interésese. Deje claro a la otra persona que le está prestando atención. La charla trivial no implica que deba entretener a los demás hablando de usted y de otros temas irrelevantes, sino que debe ser capaz de tratar temas relacionados y amistosos que resulten atractivos para ambas partes.

Puede hacer preguntas emotivas, como qué es lo que más les gusta de una ciudad o de su entorno actual. Esto debería despertar su interés lo suficiente como para que se expresen.

Habrá pausas y resultará incómodo. Pero no se desanime. Deje que se calmen antes de volver a hablar. No fuerce la conversación, por mucho que quiera decir.

Por último, convierta la charla trivial en un hábito. La única forma de dominar este acto es practicar con gente en el autobús, en una tienda, con colegas, vecinos y cualquier otra persona.

Consejos para que los introvertidos participen en una conversación

Las conversaciones en un entorno social comienzan con una pequeña charla y pueden progresar hacia algo más profundo si ambas partes lo desean.

Cuando conoce a alguien por primera vez, no es buena idea sacar un tema personal como dónde vive o si tiene pareja. La persona con la que hable podría ver su interés como demasiado indagador e incómodo.

Tenga a mano una colección de iniciadores de conversación, como un cumplido, una petición o preguntas al azar que puedan relacionarse, para utilizarlos en distintas situaciones.

Preguntarles sobre sí mismos y sus intereses, conectar con cualquier comentario que hagan y continuar la conversación con temas relacionados son formas sencillas de hacer que la conversación pase de su superficie inicial a un territorio más significativo.

Comparta un poco de su vulnerabilidad durante las conversiones para animar a los demás a abrirse. Por ejemplo: «No tengo mucha confianza cuando se trata de juegos de rompecabezas». Esto les incitará a compartir una o dos de sus propias vulnerabilidades, pero tenga cuidado de no asustar a la gente con demasiada negatividad.

Para evitar el trastorno de ansiedad social, expóngase gradualmente a las reuniones sociales. Practique hablar con la gente despacio, aunque sólo sea unos segundos cada vez, y al cabo de un rato de intercambiar saludos, se convertirá en una breve conversación.

Entable una amistad, aunque no esté seguro de caerles bien.

Exprese sus emociones tanto verbal como no verbalmente sin tener en cuenta las consecuencias. Simplemente inicie la conversación, ya que lo peor que puede pasar es que la persona le ignore.

Las conversaciones en grupo pueden animarle a ser expresivo, aunque le cueste llamar la atención. Levante las manos o haga un gesto para llamar la atención y luego empiece a hablar.

Ser curioso durante una conversación le ayudará a mantener la concentración y el interés. Los introvertidos pueden desconectar o distraerse fácilmente durante una conversación, pero si es curioso, estará atento a lo que dirá la otra persona a continuación.

Trucos para profundizar en la conexión inicial

Sea auténtico y honesto. No intente engañar a los demás para impresionarlos porque perderá esa conexión en cuanto se den cuenta.

Averigüe qué es apropiado y qué no en las interacciones sociales. Es importante que todo sea desenfadado y evitar temas que puedan poner en peligro la relación.

Preste atención y asienta con la cabeza mientras la otra persona habla, ya que necesita saber que le está prestando atención.

Comparta información sobre usted que no sea visible en la superficie. Esto dará a su conexión un aire único de exclusividad.

Sea consciente y esté presente mientras se comunica. Demuestre compasión y amplitud de miras sin dramatismo. Habrá desacuerdos, pcro no sc ponga dramático.

Haga cosas que demuestren a los demás que realmente los quiere y se preocupa por ellos.

Cuando escuche a los demás, sea empático. Escuche para comprender más que para responder.

Pase tiempo de calidad con sus amigos para estrechar lazos y crear más recuerdos.

Durante una conversación, mantener el contacto visual demuestra que tiene confianza y que le interesa el tema.

Todo esto se remata con una sonrisa. Una sonrisa alegra el ánimo de los demás y les permite relajarse y sentirse a gusto en su presencia.

Hablar con desconocidos o conocidos no es tan difícil como parece si utiliza la conversación trivial para que se sientan cómodos. Una buena conversación bidireccional es aquella en la que puede expresarse y aprender sobre los demás. La charla trivial será necesaria para iniciar una conversación, tanto si es extrovertido como introvertido, sobrc todo con desconocidos.

Los sordos dependen mucho del lenguaje corporal para expresarse y comunicarse, así que evite enviar mensajes contradictorios con sus gestos y acciones. Cuando ponga en práctica todos estos consejos y directrices, lleve un diario de sus experiencias para poder aprender de ellas y mejorar en el futuro.

Capítulo 6: Dominar al instante el arte de contar historias

¿Sabía que la narración oral es una de las formas de comunicación más antiguas? Así es. Durante siglos, las personas han utilizado historias para comunicar ideas, valores y principios, porque las historias conmueven de una manera que otros métodos no logran.

La gente lleva siglos contando historias para comunicar ideas, valores y principios

https://www.pexels.com/photo/photo-of-man-holding-pen-3182752/

No es de extrañar que la narración oral vuelva a estar de moda. Mire donde mire, hay ejemplos de marcas que utilizan esta técnica para promocionar sus productos. Pero se preguntará: «¿Cómo cuento una historia?». Y lo que es más importante: «¿Qué significa contar una historia?». Aunque no todo el mundo nace con la capacidad innata de contar historias que mantengan a la gente en vilo, existen algunos métodos para desarrollar y mejorar esta habilidad. Este capítulo explica todo lo que necesita saber para contar una historia con confianza, así que siga leyendo para descubrir cómo hacerlo.

¿Qué es contar historias?

La narración oral es simplemente el acto de compartir una anécdota. Ya se trate de una anécdota divertida o de una experiencia difícil, el objetivo de contar historias es conectar con los demás compartiendo sus experiencias vitales. La forma más sencilla y eficaz de contar historias es la narración en primera persona, en la que el narrador asume el papel de protagonista, en lugar de contar la historia como si fuera un espectador. Es una antigua forma de arte que puede aplicarse a casi cualquier situación, ya sea en un aula, en un evento o en una sala de juntas. Es una herramienta eficaz porque permite conectar con un público íntimamente, revelando aspectos de su personalidad y dando ejemplos de cómo aplica sus valores en la vida. Al mismo tiempo, le permite relacionarse con los demás exponiendo luchas comunes y aportando ideas útiles que pueden aplicarse a diversas situaciones.

El poder de contar historias para desarrollar habilidades comunicativas

¿Es de los que evitan el contacto visual, se ponen nerviosos en las reuniones o solo hablan de sí mismos? En ese caso, está perdiendo oportunidades de establecer relaciones más sólidas en el trabajo y en la vida social. Hay muchas formas de desarrollarse como persona y crecer; las conversaciones difíciles, los ejercicios de trabajo en equipo y las entrevistas de trabajo poco sinceras no están entre ellas. De hecho, a menudo son contraproducentes. Por eso muchas personas se sienten atrapadas en su zona de confort. La timidez, el miedo a decir algo equivocado o a ser malinterpretado son obstáculos habituales a la hora de comunicarse de forma auténtica. Un programa de crecimiento personal puede ayudarle a sentirse lo suficientemente cómodo como para hablar y ser usted mismo en cualquier situación. Pero también puede ser tan sencillo como añadir la narración de historias a sus herramientas de comunicación, y he aquí por qué.

Contar historias es una herramienta poderosa para desarrollar habilidades de comunicación porque le obliga a detenerse, analizar sus sentimientos y articularlos de forma constructiva. Al contar una historia, explora sus propios sentimientos y hace aflorar una serie de emociones que quizá no habría tenido si se hubiera limitado a exponer un hecho o un objetivo. Este proceso puede ayudarle a desarrollar un estilo de comunicación más empático y auténtico. Contar historias es también una gran herramienta para generar confianza, ya que le permite desvelar las capas de su personalidad y mostrar su verdadero yo a los demás. De este modo, los otros se sienten más cómodos comunicándose con usted, ya que pueden tener una mejor idea de quién es y de cómo podría responder en distintas situaciones.

Cómo utilizar la narración para mejorar sus habilidades comunicativas

Es fácil incorporar la narración de historias a su vida cotidiana. Puede utilizarla cuando hable con un amigo o colega, cuando dé su opinión a un subordinado directo o cuando dirija una reunión.

He aquí algunas formas de utilizar la narración para mejorar sus habilidades comunicativas:

- **Empiece por usted mismo:** lo primero y más importante es empezar contando historias sobre uno mismo. Esto es especialmente importante en el lugar de trabajo, ya que es probable que muchos de sus compañeros también duden a la hora de hablar. Al compartir historias sobre sus errores y éxitos, abre un canal de conversación para que los demás también se sientan cómodos compartiendo.

- **Cuente historias sobre un grupo:** una vez que se sienta más cómodo compartiendo historias sobre usted mismo, puede empezar a compartir historias sobre su equipo de trabajo o su grupo de amigos o familiares. Esto puede ayudar a los demás a sentirse más conectados y a facilitar las conversaciones difíciles mostrando empatía y generando confianza. También puede ayudarle a identificar áreas en las que necesite más orientación o asesoramiento.

- **Comparta historias sobre sus clientes:** Si trabaja en un entorno de relaciones interempresariales, puede narrar historias para que sus clientes se sientan más cómodos comunicándose con su empresa. Comparta historias sobre clientes que han tenido problemas con un tema en particular y cómo su empresa ha abordado el reto. Esto ayudará a que se sientan cómodos cuando se comuniquen con su equipo y les dará ejemplos útiles de la vida real que pueden aplicar a sus propias situaciones.

Por qué contar historias es una herramienta de comunicación eficaz

Contar historias es una herramienta de comunicación eficaz porque demuestra empatía. Al compartir una historia, conecta con los demás mostrándoles las situaciones en las que ha tenido dificultades o éxitos. Esto ayuda a los otros a no sentirse solos y les da un buen ejemplo de cómo afrontar una situación similar en el futuro. En un entorno laboral, es habitual que las personas sientan que compiten entre sí en lugar de trabajar por un objetivo común. Esto puede bloquear la colaboración y dificulta el trabajo en equipo hacia un resultado conjunto. Compartir una historia sobre una experiencia o un reto anterior ayuda a que los demás se sientan menos solos y a que comprendan mejor las presiones a las que usted se enfrenta. Esto puede ayudar a que sientan que pueden confiar más en usted y a crear un entorno colaborativo.

Diferentes estilos para contar historias: ¿Cuál es su estilo?

Supongamos que tiene pensado narrar una historia. ¿Qué estilo debe adoptar? ¿Cómo hacer que la historia sea más interesante? ¿Cómo hacerla más atractiva para los oyentes? Una historia tiene unos hechos, unos personajes y un escenario. Sin embargo, no todas las historias son iguales. Hay diferentes tipos de historias, y puede elegir el tipo que quiere contar dependiendo de la situación. También puede mezclar y combinar los tipos para obtener mejores resultados.

Contar una historia que haga reír

La mayoría de las veces, el público es un grupo, como en un entorno de trabajo o un evento social. Puede contar este tipo de historias cuando quiere que la gente se sienta bien. Puede utilizar el humor para afrontar algunas situaciones y hacerlas más agradables. No debe ser demasiado serio con este tipo de historias. Puede contarlas de forma divertida. También puede utilizar sus propias experiencias personales o un incidente particular que haya enfrentado por casualidad para contar una historia divertida. Puede contar una historia divertida en una boda o en cualquier otro evento en el que quiera que la gente se alegre. Una historia divertida hará reír a sus invitados y les ayudará a disfrutar aún más del evento.

Contar una historia trágica

Hay diferentes tipos de historias, algunas son más dramáticas que otras. Una historia dramática puede tratar de una tragedia que le haya sucedido o de un incidente con muchos conflictos, como una guerra. Las historias trágicas suelen tratar de las injusticias de la vida y de cómo los seres humanos luchan por hacerles frente. Si quiere contar una historia trágica, debe encontrar algo interesante y significativo. También puede optar por contar una historia dramática para ayudar a alguien que está luchando con una situación determinada o para generar conciencia sobre un tema.

Contar una historia informativa

Una historia informativa proporciona datos relacionados con un tema, como la ciencia, la historia o las noticias. Si quiere contar una historia informativa, primero debe investigar un poco. Tiene que saber qué información quiere compartir con su público. También puede utilizar sus propias experiencias personales para contar una historia informativa. Puede contar cómo vivió una situación o qué aprendió de ella. También puede contar cómo superó un reto en su vida. Una historia informativa es útil cuando quiere compartir información con su audiencia o sus compañeros de clase. Incluso puede contarla en la radio o en la narración de un video. Una historia mantiene la atención de su audiencia y hace que se interese por el tema del que está hablando.

Cómo contar una historia: El arte de comunicar su mensaje

A la gente le encantan las buenas historias. Así aprendemos unos de otros y del mundo que nos rodea. No hay nada más agradable que transportarse a un nuevo lugar, tiempo o experiencia a través del intercambio de historias. Cultivar su capacidad para contar historias le ayudará a conectar con los demás de una forma más profunda y le abrirá puertas en su carrera profesional y en su vida personal. Si consigue encontrar el equilibrio perfecto entre brevedad y detalle, una historia hará que su público vea el mundo desde una nueva perspectiva. Con el marco y la estructura adecuados, su historia tendrá un impacto duradero en su audiencia. Si desglosa estos principios en sencillos pasos, le resultará más fácil comunicarse con eficacia como individuo o como miembro de un equipo en cualquier situación.

Conozca a su público

Esto parece obvio, pero saber a quién se dirige y cómo prefieren que se dirija a ellos le ayudará a adaptar su historia para conseguir el mejor efecto posible.

- **Profesional:** en un entorno profesional, tendrá más posibilidades de que lo escuchen si es breve y directo. Esto significa utilizar solo la información relevante y omitir el resto. Si habla en una conferencia o da un discurso de apertura, no tendrá el mismo tiempo para contar una historia que en una conversación cara a cara. Por lo tanto, tendrá que ser más conciso y dejar de lado todos los rodeos innecesarios.

- **Social:** si está en un entorno más informal, tendrá más libertad para ampliar su historia y dar detalles a su audiencia. Solo recuerde que la historia debe tener un objetivo. Si no tiene un propósito para compartirla, no se moleste.

Atrape al público con una introducción

Esta es su oportunidad de captar toda la atención de su audiencia. Ya tiene su atención con el tema, pero ahora debe retenerla. Una forma de hacerlo es tender una especie de «trampa» a su audiencia. Puede crear una expectativa en la audiencia con una frase corta y luego sorprenderlos con el resto de la historia. Un buen ejemplo es la historia de un hombre al que le cuesta sacar el auto de la entrada en invierno. El narrador empieza diciendo: «Cuando llega el invierno y es hora de guardar el auto, hay una cosa que debe recordar: No se olvide de quitar la nieve del auto».

Establezca el contexto

Un viejo proverbio japonés dice: «Si no sabe dónde está, no sabe quién es». Antes de sumergirse en su historia, debe dar a su público un poco de contexto sobre dónde sucede. Esto significa presentar a los personajes de los que habla y la situación o el entorno concretos en los que se desarrolla su historia. Por ejemplo, si cuenta una historia sobre la última vez que se fue de vacaciones, debe explicar quién estaba allí y qué tiempo hacía. Esto ayudará a su público a imaginarse en esa situación.

Cuente el suceso principal

El núcleo de su historia es lo que sucedió. Es el momento en que todo cambia y usted o su personaje se ven obligados a adaptarse a una nueva situación. Hay algunas cosas clave que debe tener en cuenta cuando se sumerja en esta parte de la historia:

- **Encuentre el equilibrio adecuado entre brevedad y detalle:** Esto significa que no debe centrarse demasiado en los detalles del suceso. No se trata de recordar paso por paso todo lo sucedido.

- **Céntrese en el protagonista de la historia:** ¿Quién participó en el suceso? ¿Qué papel desempeñó? ¿Cuál es su relación con el público? El objetivo es que el personaje cobre vida para el público.

- **Asuma la responsabilidad del acontecimiento:** Su acontecimiento principal debe presentarse como algo que le ocurrió a usted y no como algo que «simplemente pasó».

- **Utilice detalles concretos para atrapar a su audiencia:** Si utiliza ejemplos y detalles concretos, ayudará al público a sumergirse por completo en la historia.

Termine con una conclusión

Aquí es donde usted toma todo lo que sucedió en la historia y lo usa para transmitir a su audiencia lo que tiene por decir. Hay varias formas de hacerlo. Puede relacionar la historia con una persona, una idea o un sentimiento concreto. También puede guiar al público a través de los pasos que dio. Decida lo que decida, la conclusión debe ser una prolongación natural de la historia. No termine con una conclusión abrupta o forzada.

Tenga en cuenta estas tres cosas a la hora de narrar la conclusión:

1. **Sea claro:** La conclusión debe ser inequívoca. No puede dar lugar a interpretaciones. Tiene que ser clara y directa.

2. **Sea conciso:** No conviene divagar hasta que el público pierda el interés. Exponga su punto de vista y continúe.

3. **Sea positivo:** Aunque es fundamental aprender de los errores, la conclusión debe centrarse más en lo aprendido y menos en lo «malo» de lo sucedido.

Ejercicios para contar mejor las historias

Aunque no puede obligar a todo el mundo a que le escuche, puede prepararse para compartir historias que susciten una reacción particular mediante técnicas que le ayuden a sentirse más seguro al compartir historias.

Estos son algunos consejos que le ayudarán a ser un mejor narrador:

- **Escoja una historia que resuene con usted**: Lo primero que debe hacer cuando se prepare para compartir una historia es pensar qué historias resuenan más con usted. Puede tratarse de una experiencia difícil a la que se ha enfrentado o de una anécdota que lo haga reír. Una vez que haya decidido qué historia le gustaría compartir, pregúntese por qué resuena con ella. Esto le ayudará a prepararse para la conversación y le facilitará la transición de la historia al presente.

- **Comprenda la historia:** Esto no significa que tenga que memorizar toda la historia, pero debe comprender el punto principal y cómo se aplica a la conversación en cuestión. Esto le ayudará a pasar sin problemas de la historia al presente y hará que los demás entiendan mejor lo que quiere decir. Intente llevar un diario y anotar cualquier cosa fuera de lo común que le ocurra a usted o a otras personas. De este modo, la narración será más realista.

- **Conecte con el público:** Una vez que haya contado la historia, intente establecer contacto visual con el mayor número posible de personas. Esto le ayudará a relacionarse con su público y a demostrar que está conectado con ellos y con la historia. Esto también puede ayudarle a identificar cualquier pregunta o preocupación que pueda tener el público y a abordarla con eficacia.

He aquí algunos consejos que le ayudarán a sentirse más cómodo compartiendo historias:

- **Elija unas cuantas historias:** Antes de lanzarse a contar una historia, piense en lo que le gustaría compartir. Esto le ayudará a prepararse para la conversación y le facilitará la transición de la historia al presente. Puede elegir historias que traten sobre los retos a los que se enfrenta su equipo y cómo trabajan para superarlos. También puede buscar cómicos u otro tipo de narradores en YouTube e inspirarse en su capacidad para contar historias.

- **Prepárese:** Antes de iniciar la conversación, mentalícese. Para ello, respire profundo, medite o practique un ejercicio de respiración. También puede pensar en lo que va a compartir y cómo se aplica a su equipo. Esto le ayudará a mantener la concentración durante la conversación y evitará que se sienta abrumado por la atención.

- **La práctica hace al maestro:** Una vez que se haya comprometido a convertirse en un narrador más seguro, practique. Esto no significa que tenga que memorizar la historia, pero puede intentar acostumbrarse a compartirla en las conversaciones. Como resultado, se sentirá más cómodo hablando, y esto le facilitará la transición de la historia al presente.

Comunicar su mensaje con eficacia es todo un arte. No es algo que le resulte natural a todo el mundo, pero puede aprenderse y mejorarse con la práctica. Si quiere ser un mejor narrador, póngase en situaciones en las que tenga que contar una historia. Ya sea en una reunión familiar o en la oficina, verá que es una forma estupenda de mejorar sus habilidades comunicativas. Al fin y al cabo, una historia bien contada puede cautivar a cualquier público, ya sea entre amigos tomando una cerveza o en una reunión más formal. Solo debe acordarse de conocer a su público, establecer el contexto, contar el suceso principal y terminar con una conclusión. Si lo hace, estará en el camino correcto para convertirse en un mejor narrador.

Capítulo 7: Quince consejos para comunicarse en grupo sin esfuerzo

La comunicación es una de las habilidades más importantes que se puede tener. También es algo con lo que mucha gente tiene dificultades, sobre todo de forma grupal.

La comunicación es una de las habilidades más importantes que se puede tener
https://www.pexels.com/photo/colleagues-shaking-each-other-s-hands-3184291/

Muchas veces, cuando hablamos con una sola persona, podemos expresar claramente lo que pensamos y transmitir el mensaje. En cambio, cuando hay más de dos personas, las cosas se ponen mucho más difíciles.

En grupo, es fácil sentirse excluido o ignorado, especialmente si los demás parecen llevarse muy bien. Por eso, saber comunicarse eficazmente en grupo es una habilidad muy útil.

Si tiene dificultades con esto, siga leyendo para descubrir algunos consejos útiles y mejorar sus dinámicas sociales.

Por qué puede resultar difícil comunicarse en grupo

Cuando se trabaja en un equipo grande o se sale con un grupo de amigos, la capacidad de comunicarse con claridad y eficacia es crucial. Por desgracia, no todo el mundo posee estas habilidades. En cualquier entorno grupal existe el riesgo de que la comunicación se vea sofocada por la timidez, el antagonismo o la introversión. Cada persona tiene su propia personalidad y experiencia vital y esto puede dificultar la comunicación.

Admitámoslo: no a todo el mundo se le dan bien las conversaciones triviales. Por mucho que nos guste conocer gente nueva, la mayoría encontramos que los grupos son un poco incómodos. Todos queremos ser esa persona que hace que quienes la rodean se sientan cómodos y a gusto. Pero si se encuentra en una situación en la que no conoce a nadie, puede resultar difícil romper el hielo. Si le cuesta entablar relaciones nuevas, probablemente sea porque no habla de las mismas cosas o no entiende sus posiciones. La mayoría de la gente está más dispuesta a abrirse y confiar en alguien que se interesa por cosas similares o que entiende sus intereses. La capacidad para hacer amigos y entablar relaciones está directamente relacionada con las habilidades comunicativas. Si es introvertido o simplemente le cuesta conocer a gente nueva, aprender los entresijos de la comunicación le ayudará a sentirse más seguro y capaz. Teniendo esto en cuenta, aquí hay algunos consejos de comunicación grupal que le ayudarán a hacer amigos y a establecer una buena relación con quienes le rodean.

Evite que los demás hablen por encima de usted

Puede resultar muy frustrante encontrarse en una situación en la que la gente no para de interrumpirlo. Es una falta de respeto y puede dificultar que se sienta cómodo y que establezca una buena relación con la gente. Si nota que la gente lo interrumpe, hay algunas cosas que puede hacer para evitarlo.

- En primer lugar, establezca contacto visual con la persona que lo interrumpe y hágale un leve gesto con la cabeza para indicarle que está listo para escucharlo. Así se dará cuenta de que usted aún no ha terminado de hablar.

- También puede utilizar señales no verbales para llamar la atención de la persona que interrumpe. Cruzarse de brazos, por ejemplo, es una señal de que necesita terminar lo que está diciendo.

Comuníquese con claridad

La comunicación es la transmisión de información entre personas para que puedan entenderse. Cuanto más claro sea en sus conversaciones, más rápida y eficazmente podrá transmitir su mensaje y menos posibilidades tendrá de causar confusión o malentendidos. Puede aumentar la claridad de sus interacciones utilizando un lenguaje sencillo, manteniendo el contacto visual y haciendo preguntas.

- Escriba sus ideas y pensamientos antes de comunicarlos. Esto le ayudará a organizar sus pensamientos y a elegir las palabras adecuadas para expresarse con eficacia.

- Mire directamente a la persona con la que se comunica. Así le demostrará que está atento a lo que dice y que le interesa.

- Haga preguntas si no está seguro de que la persona entiende lo que usted dice. Así también demostrará que le interesa lo que tenga que decir.

Confirme la comprensión

Aunque debe asegurarse de que entiende perfectamente el mensaje de la otra persona, debe tener en cuenta que no quiere poner palabras en boca de otra persona. Para evitarlo, puede utilizar algunas frases clave como «Creo que lo que intenta decir es que...» o «¿Esto significa que...?» para confirmar que entiende bien su mensaje. Esto ayuda a evitar malentendidos y refuerza que está escuchando activamente. Al confirmar que entiende, también hace que la otra persona se sienta más segura de sus habilidades comunicativas. Esto también lo hará parecer más profesional y capaz, lo que es beneficioso a largo plazo.

Atraiga la atención

Si está en un grupo y quiere llamar la atención de alguien, sea consciente de cómo lo hace. Si simplemente levanta la mano, puede parecer agresivo, mientras que si la agita, parece más receptivo.

- Si quiere llamar la atención de alguien que está sentado frente a usted en una mesa, puede hacer el gesto de la palma de la mano hacia arriba. Se considera un gesto receptivo.

- Si quiere llamar la atención de alguien que está sentado a su lado, puede utilizar el gesto de palma hacia abajo, que se considera más agresivo.

- Otra forma de llamar la atención en grupo es mediante sonidos no verbales. Si quiere llamar la atención de alguien que está a su izquierda, por ejemplo, puede utilizar un sonido «tsk» con la lengua para llamar su atención.

- Tenga una opinión. En un grupo, se tiende a dirigir más la atención comunicativa hacia las personas que tienen opiniones más fuertes, como muestra el artículo «Comunicación interpersonal en grupos pequeños» publicado en el *Journal of Abnormal and Social Psychology*.

Esté atento al lenguaje corporal

Su lenguaje corporal tiene un gran impacto en su comunicación. Si está encorvado, cruzado de brazos y evita el contacto visual, la gente lo verá como una persona cerrada y poco interesada en lo que tienen que decir. Aunque siempre debe tener en cuenta cómo se ve corporalmente, puede ser especialmente útil cuando se comunica con un grupo grande de personas. Si la mayoría de su equipo se sienta en la parte de atrás de la oficina y usted se sienta adelante, dará una impresión muy distinta. Si cuida su lenguaje corporal, dará una impresión mucho más segura y atractiva y la comunicación será mucho más fácil.

La comunicación funciona en ambos sentidos

La comunicación es una calle de doble sentido y es esencial asegurarse de escuchar activamente a los demás miembros del grupo. Aunque debe estar atento a las personas que hablan y escucharlas activamente, también debe estar pendiente del resto del grupo. Así evitará que las discusiones individuales se le vayan de las manos o se conviertan en distracciones, pero también evitará meter la pata. Si observa que algunas personas parecen frustradas o desconectadas, puede aprovechar la ocasión para hablarle a todo el grupo. Estando atento activamente al resto del grupo, puede identificar posibles problemas y reparar cualquier relación dañada antes de que se convierta en un problema grave.

Tome el control

Si es nuevo en el grupo o quiere dirigir la conversación hacia un tema concreto, asegúrese de que tiene el control de la conversación para establecer una buena relación con los demás. Si tiene que tomar las riendas de la conversación, hacerlo bruscamente puede resultar incómodo para los otros y dificultar la relación. En lugar de eso, intente entrar en el tema con una pregunta. Hacer una pregunta es una forma estupenda de dirigir una conversación y conducirla hacia un tema concreto del que quiera hablar. Si lo pone nervioso tomar el control de la conversación, puede empezar con una pregunta general a la que todos puedan responder.

Cuide su vocabulario

Puede caer en la tentación de utilizar palabras grandes e impresionantes para dar la impresión de que sabe de lo que está hablando. Sin embargo, esto puede ser contraproducente y hacerlo parecer menos inteligente. Debe cuidar su vocabulario de varias maneras:

- Evite utilizar una jerga o lenguaje específico de un nicho determinado. A menos que esté hablando con otros miembros de su equipo o en una reunión, esto hace que parezca que está presumiendo y lo hace parecer un completo idiota.

- Asegúrese de que las palabras que utiliza son apropiadas para la persona con la que habla. Si no es un científico, no le hable como si lo fuera. Esto puede parecer obvio, pero es fácil pasarlo por alto.

- Evite utilizar palabras que puedan considerarse ofensivas o emplear frases violentas. Nunca se sabe cuáles son los antecedentes y experiencias de los demás, y lo último que quiere es hacer que alguien se sienta incómodo u ofenderle.

Haga preguntas y escuche activamente

Escuchar activamente ayuda a comunicarse mejor, ya que genera confianza entre usted y la persona con la que habla, de modo que entienden el punto de vista del otro. Si está hablando con alguien y quiere ayudarle a abrirse, una buena forma es hacerle preguntas. Puede hacer preguntas abiertas, es decir, preguntas que no pueden responderse con un sí o un no. También puede pedirle que le cuente algo. Esto puede ser útil si la otra persona es alguien a quien admira.

Mantenga el contacto visual y cuide el lenguaje corporal

¿Sabía que la comunicación no es solo verbal? De hecho, la comunicación no verbal representa al menos dos tercios del proceso de comunicación. Cuando está en un grupo, debe centrarse en el contacto visual y otras señales no verbales, como haría normalmente en la comunicación uno a uno. A veces, el contacto visual resulta intimidante cuando se habla con una sola persona, pero es importante en un grupo porque ayuda a conectar con los demás y a establecer buenas relaciones. Al comunicarse con los demás, debe tener en cuenta varias cosas. Su postura dice mucho de usted y debe asegurarse de que sea abierta y acogedora. También debe asegurarse de no bloquear a nadie en la conversación ni obligar a que aparten la mirada de usted. Preste atención a sus manos y asegúrese de que no bloquean a nadie ni se mueven de forma agresiva.

Hable poco

La charla trivial no es más que el intercambio casual e informal de comentarios superficiales. Cuando está en un grupo nuevo, la mejor manera de empezar es hacer preguntas relacionadas con el evento o el entorno que les reúne.

- Si está en un evento de trabajo en red, puede preguntar quiénes son algunas personas y a qué se dedican.
- Si está en una boda, puede preguntar quién está casado con quién y cuánto tiempo llevan juntos.
- En una conferencia o charla, puede preguntar qué es lo que más entusiasma a los ponentes y qué es lo que más entusiasma a los oyentes.
- También puede preguntar por el grupo y si quienes lo integran se conocen.

- Asegúrese de hacer preguntas abiertas. Este tipo de preguntas suscitan respuestas más profundas e interesantes del grupo. Las preguntas cerradas tienen más probabilidades de dar lugar a respuestas cortas y superficiales que acaben con la conversación.

Cuente historias

Las historias son una de las formas más eficaces de conectar con quienes lo rodean. Hay muchos tipos de historias que se pueden contar en grupo para establecer una conexión.

- Si está en una boda y sabe que la novia es una gran aficionada a los deportes, en lugar de preguntarle por su carrera, podría preguntarle por su equipo deportivo favorito, y luego podría compartir una historia sobre uno de sus partidos y equipos favoritos.
- Si está en un evento de trabajo en red y sabe que la persona con la que está hablando espera ascender pronto, en lugar de preguntarle por la empresa o el trabajo, podría preguntarle por su carrera, y luego podría compartir una anécdota sobre su experiencia con los ascensos y las mejores formas de conseguirlos.

Establezca puntos en común

Si lleva un tiempo hablando con un grupo de personas y ya ha establecido cierta relación, puede intentar descubrir los puntos en común que existen entre usted y el grupo. El objetivo es descubrir qué es lo que más apasiona a la gente en su vida y en su trabajo. La gente tiende a estar más comprometida y entusiasmada cuando habla de las cosas que le gustan.

Utilice el humor

El humor es una forma estupenda de romper el hielo y establecer conexiones duraderas con las personas que lo rodean. Si no está seguro de cómo entablar una conversación trivial y romper el hielo en un grupo, utilice el humor para empezar. Puede introducir el humor en sus preguntas o historias o utilizarlo de forma autodespreciativa. El autodesprecio consiste en ridiculizar sus propios defectos y errores de una forma consciente, para sentirse menos serio e intimidante. Puede que note que las personas que lo rodean dudan a la hora de hablar o hacer preguntas. Si es así, utilizar el humor puede ayudar a romper el hielo y animar a todo el mundo a sentirse más cómodo.

Comparta cosas sobre usted

Este es un buen consejo para establecer relaciones en casi cualquier grupo. La gente quiere saber si ha hecho cosas en su vida de las que está orgulloso. Comparta sus logros y las cosas de su vida de las que se siente más orgulloso. Puede que esté en una boda y se sienta orgulloso de haberse graduado de la universidad o de haber conseguido un ascenso en el trabajo. Puede que esté en un acto de trabajo en red y se sienta orgulloso de haber creado su propia empresa o de haber recibido un premio por su trabajo. Dependiendo del grupo, también puede compartir sus pasiones e intereses. Mencione lo que más le entusiasma de su vida y asegúrese de hablar de lo que ha logrado.

Ejercicios prácticos

Aquí tiene los componentes esenciales que debe trabajar la próxima vez que se encuentre en un entorno de grupo para empezar con la comunicación.

Hágase oír

En lugar de dejar que los sentimientos se acumulen en su interior, sea usted quien habla y expresa lo que siente.

Otra ventaja de hablar claro es que permite que los demás también lo hagan. Escuchando atenta y respetuosamente, todos se sienten incluidos en la conversación. Nadie debe sentirse excluido. Al hablar, contribuye a crear un entorno positivo en el que todos se sientan cómodos para compartir sus sentimientos. Hablar también crea un sentido de responsabilidad, que ayuda a mantener a la gente enfocada en sus objetivos y les hace responsables los unos de los otros.

Por último, hablar con franqueza demuestra que uno se respeta a sí mismo. ¿Cómo puede esperar que los demás lo hagan si usted no valora sus propios pensamientos y sentimientos? Al hablar y expresarse, demuestra que se respeta lo suficiente como para escuchar lo que tiene que decir. Así mismo, asegúrese de reconocer a los demás cuando hablan, haga preguntas cuando sea apropiado y escuche atentamente lo que dicen los otros.

Prepárese para diferentes respuestas

Uno de los mayores retos es sacarle el máximo provecho a la comunicación. ¿Cómo saber qué está pasando? ¿Qué hay que buscar? ¿Cuál es la mejor manera de contribuir al debate? Una de las claves para participar con éxito en un debate de grupo es estar preparado. Esto significa estar preparado para responder a las preguntas o hacer sus propios comentarios. Además, sea consciente de que cada persona tendrá una percepción diferente. No tenga miedo de discrepar de la opinión de alguien o de apartarse del consenso del grupo si está convencido de algo. Pero tampoco se desvíe demasiado intentando llevar la contraria a los demás. Recuerde que la gente puede tener sus propias opiniones siempre que las exprese con respeto y consideración.

Empatice

La empatía es la capacidad de comprender y compartir los sentimientos de otra persona. Escuchar con empatía significa tomarse un momento para ponerse en el lugar del otro. Por ejemplo, imagine lo que se siente estar frustrado por un largo viaje al trabajo o lo aterrador que debe ser tener cáncer. La escucha empática es especialmente necesaria cuando habla con personas que están experimentando emociones difíciles. Puede ayudarle a reconocer sus necesidades y demostrar que se preocupa por ellos.

Hay muchas formas de escuchar con empatía:

- **Escuche activamente.** Evite distracciones como el teléfono o hacer varias cosas a la vez. Concéntrese en lo que dice la otra persona y trate de entender su punto de vista.

- **Mantenga la mente abierta y no juzgue.** No dé por sentado que la gente estará automáticamente de acuerdo con su punto de vista, pero tampoco ignore sus opiniones, téngalas en cuenta a la hora de tomar sus propias decisiones.

- **Muestre empatía con su tono de voz.** Hable claro y con calma, sin ponerse a la defensiva ni ser sarcástico. Si se siente frustrado, haga una pausa antes de responder o busque otro enfoque (como hacer preguntas o parafrasear).

La comunicación no consiste solo en decir las palabras que salen de la boca. Es todo un proceso que incluye la forma de comportarse, el contacto visual y el tono de voz. Si quiere hacer amigos y establecer una buena relación con la gente en un grupo, comuníquese utilizando el contacto visual y el lenguaje corporal. Utilice las conversaciones triviales para conocer al grupo y las cosas que les interesan. Cuente historias, descubra puntos en común y, por último, muéstrese seguro y orgulloso de usted mismo y de sus logros. Y lo que es más importante, sea usted mismo y recuerde que establecer buenas relaciones consiste en sentirse cómodo con la gente, así que no se esfuerce demasiado por ser algo que no es.

Capítulo 8: Conviértase en un orador increíble

Hablar en público es una situación que mucha gente teme y hace todo lo posible por evitar. A menudo, este miedo inhibe las perspectivas profesionales, incluso las de las personas con más talento. El Instituto Nacional de Salud Mental descubrió que el 75 por ciento de las personas temen hablar en público. Algunos temen la cantidad de público al que pueden dirigirse (grupos grandes). A otros les aterroriza la sola idea de dar un discurso o hablar ante una persona con poder sobre ellos, como un supervisor, un entrevistador o un profesor durante un examen oral.

Hablar en público es una situación que muchas personas temen y hacen todo lo posible por evitar

Hablar en público puede ser todo un reto. El nerviosismo forma parte de la vida y hablar en público no es una excepción. Algunas personas tienen un talento innato para la oratoria y dominan al público con facilidad. Quienes no, necesitan tiempo, práctica y paciencia para mejorar sus habilidades. Hablar en público es como montar en bicicleta. Solo puede hacerlo si se sube y empieza a pedalear. Se sorprenderá lo fácil que es hablar delante de la gente cuando sabe lo que le espera.

A continuación, le ofrecemos una guía para ayudarle a entender el proceso de hablar en público y para saber cómo superar los miedos. Es fundamental que afronte la tarea con la mente abierta y deje atrás cualquier idea preconcebida. No hay una forma correcta o incorrecta de hacerlo, siempre que sea sincero con usted y con su público.

No se permita la falta de confianza

Correrá el riesgo de alejar al público si no tiene confianza en usted mismo y en el tema del que habla. Un orador seguro de sí mismo conecta con el público y le hace sentir que forma parte del debate. Si no tiene confianza, se notará en su lenguaje corporal y en su forma de hablar. Puede que le cueste establecer contacto visual con el público o mantenerse concentrado en el tema. También puede caer en la tentación de utilizar muletillas como «um» y «ah», lo que hará que parezca que no está seguro de lo que dice. Para aumentar la confianza en usted mismo al hablar en público, debe identificar y abordar las causas de su falta de confianza. Estas son algunas de las más comunes:

Prepárese

Un buen orador público siempre está preparado. Aunque no sea una persona segura por naturaleza, puede ganar confianza en usted mismo como orador público preparándose adecuadamente. Haga un esquema de lo que quiere decir y practíquelo varias veces antes de su discurso. Así evitará cometer errores u olvidar lo que sigue en su presentación. También debe practicar leyendo su discurso en voz alta. Esto le ayudará a acostumbrarse a hablar delante de un público, que es clave para ganar confianza en usted mismo como orador.

Visualice

La visualización es una técnica que ayuda a sentirse cómodo con la idea de hablar en público. Para utilizarla, imagínese dando su discurso y véase a usted mismo triunfando. Imagine tantos detalles como le sea posible. ¿Cómo responde la gente? ¿Se ríen con sus chistes? ¿Les ve asintiendo con la cabeza? Imagínese todos los aspectos de la situación, incluso cómo se siente usted al pronunciar el discurso. Esto le ayudará a acostumbrarse a lo que sentirá cuando haga la presentación.

Hable consigo mismo

Mucha gente tiene pensamientos negativos sobre hablar en público. Estos pueden incluir cosas como «Voy a equivocarme» o «Todo el mundo pensará que soy estúpido por decir esto». Si tiene estos pensamientos, intente sustituirlos por otros más positivos. Sustituya el pensamiento «Voy a meter la pata» por «Nadie se dará cuenta si cometo un error» o «Pasa todo el tiempo en las presentaciones y a nadie le importa». Esta técnica consiste en hablar con usted mismo sobre la situación utilizando afirmaciones positivas en lugar de afirmaciones negativas.

La confianza sigue a la acción. Cuanto más intente algo y lo consiga, más confianza tendrá en esa habilidad concreta. Por ejemplo, tocar un instrumento musical. Al principio, sus dedos dudan y le da vergüenza cometer errores delante de los demás, pero con la práctica gana confianza y pronto aprende a tocar lo suficientemente bien para que los demás disfruten escuchándolo. Para adquirir confianza como orador, es esencial que practique regularmente delante de otras personas. Practique delante de un espejo o en videos. Debe poder verse a sí mismo hablando para darse cuenta de cuándo comete errores y aprender de ellos.

Capte la atención del público

Para hablar en público con éxito, tiene que conocer a su público. Tal vez sea consciente de que algunos miembros de su audiencia pueden mostrarse hostiles o escépticos ante lo que propone. Puede que confíe en su capacidad como orador, pero le preocupe que su público no se sienta identificado con usted. Puede eliminar la desconexión identificando las carencias y abordándolas en consecuencia.

Por ejemplo, si habla de un nuevo tipo de *software* para empresarios y entre su público hay ejecutivos que no son expertos técnicos, puede ser útil dar más detalles de los que daría en otro caso. Si su charla va dirigida a empresarios, pero algunos de los miembros de su audiencia trabajan en grandes empresas que probablemente no utilicen el producto que está promocionando, es posible que aprecien que les explique cómo puede ayudar a sus empresas a beneficiarse. Aunque no siempre podrá predecir lo que necesita el público, al menos debe esforzarse por intentarlo. A continuación, ofrecemos algunos consejos para identificar las necesidades de los oyentes:

Investigue a la audiencia

Seguro que ha oído el viejo refrán de que «la ignorancia es peligrosa», y es especialmente cierto cuando habla. Investigar a su público puede ayudarle a adaptar su charla a sus necesidades en lugar de limitarse a imponer su propia agenda. También le permite asegurarse de que, sea cual sea su punto de vista sobre un tema, coincide con el de ellos. Si hay diferencias importantes entre lo que ellos piensan y lo que usted hace, debe abordar esas diferencias durante la presentación en lugar de simplemente ignorarlas. Una de las mejores formas de investigar a su público es mediante encuestas. Las encuestas pueden ser tan sencillas, como un correo electrónico o un cuestionario en papel que envía antes de un evento; o pueden ser más elaboradas e incluir un sitio web en el que las personas puedan publicar comentarios sobre sus ideas acerca de un tema. Cuando se prepare para hablar en un evento, piense en lo que su público podría querer y necesitar de la charla.

Investigar a su público de antemano le ayuda a relacionarse con él de forma más personal y hace que su discurso sea más interesante. También debe intentar comprender qué motiva a su público. Si puede averiguar qué les motiva, será más fácil encontrar puntos en común con ellos y hablar en un lenguaje que entiendan.

Enganche rápido a su público

El gancho es lo primero que dice o hace para captar la atención del público. Debe ser una afirmación sencilla que establezca una conexión inmediata con el público y le muestre lo que puede esperar de usted durante el discurso. El gancho debe ser breve, memorable y relevante para el público. Puede utilizar una pregunta retórica, citar a una persona conocida, a una autoridad en la materia de la que habla o contar una anécdota rápida que ilustre lo que tratará con más detalle más adelante.

Cuente una historia convincente

Una de las formas más eficaces de hacer que su audiencia le escuche es contar una historia convincente como la que ha leído anteriormente. No tiene por qué ser una historia elaborada y llena de giros argumentales, pero debe ser interesante y atractiva para que el público quiera saber más. Una buena historia puede servir de gancho para captar la atención del público o entretejerse a lo largo del discurso. También puede servir para ilustrar un punto o reforzar una idea.

Prepárese

Antes de pronunciar un discurso, practíquelo en su totalidad. De este modo, podrá oír si se precipita o si dice alguna palabra en voz demasiado baja. Así, la entonación de su voz y sus niveles de entusiasmo resultarán naturales. El uso de medios visuales, tecnológicos o de otro tipo en la preparación permite detectar y eliminar fallos en la presentación. El ensayo prepara a los oradores para conocer mejor su material y responder a las preguntas con eficacia. Si no practica, su discurso estará lleno de tropiezos y pausas incómodas. Es posible que pierda el hilo del texto y tenga que revisar documentos o apuntes. El público verá que está nervioso e incómodo, lo que no inspira confianza en su mensaje. Para estar mejor preparado antes del discurso, debe hacer lo siguiente:

Recoja opiniones con antelación

La mejor manera de preparar su discurso es hablar de él con otras personas. Le pueden dar su opinión sobre el contenido, la forma y el estilo de su presentación. Pregúnteles si entienden lo que intenta comunicar y si hay algo confuso o que falte en su mensaje. Pregúnteles también si creen que el discurso es interesante y si mantendrá la atención del público. Pregúnteles cómo mejorarían o cambiarían su presentación. Es posible que tenga que reescribir algunas partes o añadir detalles para que la gente se mantenga atenta e interesada en lo que dice.

Utilice su voz y su lenguaje corporal

La voz y el lenguaje corporal son dos de las herramientas más poderosas que tiene a su disposición como orador. Utilícelos para transmitir pasión, entusiasmo y emoción. Utilice el tono de voz para enfatizar los puntos importantes y crear emoción en su discurso. Una voz grave o monótona puede hacer que parezca aburrido y poco interesado en lo que dice. Una voz aguda puede hacerlo parecer demasiado emotivo, como si cada palabra fuera importante. Encuentre un término medio en el que su voz tenga energía, pero no suba y baje como un ascensor; esto le ayudará a mantener el interés del público.

Utilice el lenguaje corporal para proyectar confianza y autoridad, aunque se sienta nervioso o inseguro. Manténgase erguido, sonría, mire al público mientras habla, gesticule con las palmas de las manos abiertas cuando sea apropiado y evite moverse nerviosamente con objetos como bolígrafos o papeles. En un estudio, los estudiantes que se sentaban erguidos (en lugar de encorvados) mostraban más confianza y se sentían más seguros de sí mismos. Si camina con confianza hará saber al público que tiene algo valioso que compartir en su presentación. Utilice gestos para enfatizar puntos importantes y crear emoción en su discurso.

Por ejemplo, puede utilizar las manos para enfatizar un punto o hacer un gesto hacia el público. Si habla de un nuevo producto disponible en el sitio web de su empresa, señale la URL en un proyector para que la gente pueda verla. Esto les hará sentir que pueden relacionarse con el tema y comprometerse con él.

Escúchese cuando hable

Puede parecer una tontería, pero es fácil perderse en las palabras y no escucharse a uno mismo. Mientras practica, preste atención a las pausas incómodas o a los sonidos que no fluyen bien con el resto de la frase. Si alguien hace un comentario durante su discurso, escuche el tono de su voz y cómo formula lo que dice. Esto le ayudará a entender cómo reciben los demás lo que tiene que decir y a que le entiendan a usted.

Gestione bien el tiempo

Repase siempre el discurso antes de pronunciarlo. De este modo, podrá limar imprecisiones en la redacción y practicar la lectura a la velocidad adecuada. A menudo, los oradores se retrasan porque no se han preparado lo suficiente y no pueden leer el discurso en el tiempo previsto. Si suele tardar mucho, programe la alarma de su reloj o teléfono para que suene cinco minutos antes de que termine la charla. Asegúrese de que lo lleva en el bolsillo y en silencio. Las vibraciones le avisarán cuando llegue el momento de terminar. Una buena estrategia es practicar la conclusión del discurso dos minutos antes de que suene el temporizador. Así tendrá tiempo de terminar si está yendo muy lento o alguien del público le hace una pregunta.

Supere el miedo escénico

El miedo escénico puede ser una experiencia muy incómoda. Puede apoderarse de sus pensamientos y dificultarle la concentración. También puede afectar su cuerpo y hacer que se sienta mal o tenso. Además de ser una experiencia muy desagradable, puede ser muy perjudicial para su discurso. El miedo escénico es difícil de superar, pero hay algunas cosas que puede hacer para lograrlo.

Adopte la mentalidad adecuada

Lo primero que debe hacer es mentalizarse. No piense en el miedo escénico como una enfermedad, sino como una respuesta humana normal. No es el único que tiene esta sensación y no está mal que las tenga. Son sentimientos muy comunes entre los artistas. Cuanto más piense en el miedo escénico como una respuesta normal, más fácil le resultará controlarlo. Intente no pensar en usted mismo como responsable de nada y, en su lugar, simplemente viva el momento. Esto puede ayudarle a superar cualquier sensación de ansiedad o miedo.

Escriba sus pensamientos y sentimientos antes de subir al escenario para tener tiempo de procesarlos. Puede que descubra que sus pensamientos y sentimientos no son tan malos como pensaba.

Respiración abdominal

La respiración abdominal es una forma estupenda de calmar los nervios. Es una técnica que le ayuda a tranquilizarse y a centrarse en el momento presente, lo que evita que cualquier sensación de ansiedad o miedo se apodere de usted. Para hacer este ejercicio:

1. Inhale profundamente por las fosas nasales y exhale por la boca.
2. Repita este proceso tres veces.
3. Una vez que haya completado tres respiraciones abdominales, tómese un momento para concentrarse en cómo se siente su cuerpo. Puede que le resulte más fácil relajarse y concentrarse en lo que tiene entre manos.

Salude al público y sonría

Lo más difícil es iniciar el discurso, por eso debe empezar saludando a su público. Es una forma sencilla pero eficaz de empezar con buen pie y puede ayudarle a sentirse más cómodo. Cuando entre en la sala, sonría y mire a todos los asistentes, tómese un momento para pensar en lo que quieren de la presentación. Esto puede marcar la diferencia a la hora de transmitir su mensaje.

Cambie el foco de la atención

Cuando está bajo focos, ya sean brillantes, tenues o parpadeantes, puede tener la sensación de que los demás ven más defectos suyos que cuando no está en el escenario. Así que cambie el foco de la atención para que caiga sobre el público y no sobre usted. Puede hacer preguntas que impliquen al público o compartir historias con las que se sientan identificados. Si está haciendo una presentación sobre cómo construir una cocina integrada, pregúntele a la gente qué tipo de cocina les gustaría ver en su casa. De este modo, les dará protagonismo y les permitirá compartir sus pensamientos e ideas entre ellos y con usted.

Muévase.

Si está nervioso, es fácil que se quede bloqueado en una posición: de pie frente al público, detrás del escenario. El movimiento ayuda a mantener la concentración y rompe la monotonía. Intente moverse periódicamente por el escenario mientras habla; esto dará a su público la oportunidad de ver diferentes ángulos y perspectivas de lo que está diciendo. Si lo pone demasiado nervioso moverse solo, intente hacerlo cuando alguien del público haga una pregunta o un comentario. Así mantendrá la interacción sin tener que inventar nada nuevo.

Haga pausas de vez en cuando

Hacer pausas de vez en cuando mientras habla permite a su público digerir lo que acaba de oír y le da la oportunidad de hacer preguntas. También le dará a usted la oportunidad de recuperar el aliento, lo que puede ser especialmente útil si se siente nervioso y necesita tomarse un momento antes de continuar. El mejor momento para hacer una pausa es después de exponer un punto importante o después de decir algo particularmente importante. Asegúrese de mirar al público mientras hace la pausa, ya que esto les ayudará a seguir lo que está diciendo.

Imagínese al público desnudo

Uno de los trucos más antiguos para superar el miedo escénico es imaginarse al público desnudo. Esto los hará parecer menos intimidantes y más accesibles. Esta técnica le quita la presión de encima y se la pone al público. Se dará cuenta de que no pueden ser demasiado críticos o antipáticos con lo que dice si están desnudos. Serán personas como las demás. Si no puede imaginarse al público desnudo, imagine que llevan disfraces que no les favorecen. Quizá vayan vestidos de payasos o de superhéroes, o quizá lleven la ropa al revés. Esto le ayudará a verlos bajo una nueva luz y los hará menos intimidantes.

Ejercicios para hablar en público

Calentamiento vocal

Los ejercicios de calentamiento vocal suelen asociarse a los músicos, pero también ayudan a los oradores. Estos ejercicios alivian la tensión y calientan la voz para hablar en público. Haga estos ejercicios de calentamiento vocal antes de subirse al escenario:

- Tararee.

- Cante escalas (para cantantes).

- Repita sonidos vocálicos para aflojar los músculos faciales.

Aunque la mayoría de los oradores no deben alcanzar notas concretas al hablar, no está de más que hagan ejercicios de calentamiento.

Hablar con el espejo

Una de las prácticas más eficaces de preparación para hablar en público es hablar con un espejo. Puede hacerlo frente a un espejo de cuerpo entero o colocarlo en un ángulo que le permita verse desde la perspectiva del público. El objetivo de este ejercicio es verse mientras habla y ver si hace algún movimiento con el cuerpo que pueda distraer a su público. Si hace gestos con las manos, intente que sean sutiles, con movimientos pequeños o con una sola mano a la vez. También puede practicar la sonrisa en el espejo para saber qué aspecto tendrá cuando haga la presentación.

Elimine las muletillas

Las muletillas son palabras como «um» y «ah», que no añaden valor a lo que está diciendo. Haga este ejercicio para eliminar las muletillas de su discurso. Hable todo el tiempo que pueda sin utilizar ninguna muletilla. Si la utiliza, deténgase y vuelva a empezar.

Tome un objeto y hable de él

Esta técnica le ayudará a sentirse más cómodo hablando de temas desconocidos o improvisando. Ponga un cronómetro durante cinco minutos, tome un objeto al azar y hable sobre él. Le resultará sorprendentemente difícil. Sin embargo, con la práctica se convertirá en algo natural. Combínelo con el ejercicio «Elimine las muletillas» para obtener mejores resultados. Este ejercicio resulta muy útil cuando debe enfrentarse a numerosas variables desconocidas en el escenario, como que un miembro del público haga una pregunta cuya respuesta no sabe o que las diapositivas se queden en blanco de repente.

Capítulo 9: Cómo manejar una discusión acertadamente

Las discusiones forman parte de cualquier relación, ya sea romántica, platónica o estrictamente profesional. Mientras no seamos clones el uno del otro, siempre habrá malentendidos y desacuerdos entre personas diferentes. Las discusiones son imposibles de evitar, pero se pueden sortear de forma efectiva y con elegancia.

Las discusiones forman parte de cualquier relación, ya sea romántica, platónica o estrictamente profesional

https://www.pexels.com/photo/worried-couple-with-notebook-looking-at-each-other-4246239/

Es difícil afrontar los conflictos y resolverlos pacíficamente, pero también es una habilidad increíblemente valiosa. No importa si las emociones volátiles y destructivas nublan su juicio o si no es para nada conflictivo, debe saber que las discusiones no tienen por qué ser tan estresantes. Una discusión es una oportunidad para comprender a otra persona y, como resultado, reforzar el vínculo.

Aprender a tener una discusión productiva es cuestión de práctica, pero primero debe saber cómo se hace. No hay muchos ejemplos de discusiones sanas, pero es posible convertirlas en la norma de las relaciones. Mientras sigue leyendo, reflexione activamente sobre su propio comportamiento y sobre cómo mejorar sus habilidades para resolver conflictos.

Entender lo que ocurre durante una discusión

Las palabras que se intercambian durante una discusión solo tienen que ver con la superficie de lo que ocurre. Todos los desacuerdos verbales tienen una estructura subyacente. No es fácil darse cuenta en el fragor del momento, así que fíjese cómo se pueden aplicar estos elementos a las discusiones que ha tenido. He aquí un ejemplo concreto.

Charlotte es la hermana pequeña de Emma y viven juntas en el apartamento de Emma. Un día que Emma estaba fuera de la ciudad por motivos de trabajo, llamó a Charlotte y le pidió que limpiara el apartamento. «Voy a recibir a un cliente muy importante en casa, así que tiene que estar absolutamente impecable. Es una persona difícil de complacer y algo germofóbica. Estoy muy estresada por esto, así que por favor déjalo presentable».

Charlotte tenía que estudiar para varios exámenes, pero lo pospuso para ayudar a su hermana. Luego, se pasó toda la noche estudiando para ponerse al día. Después de que Emma recibió a su cliente, fue a la habitación de Charlotte y le dijo: «¡No puedo creer que me hayas hecho esto, Charlotte! Cuando llegué a casa, el televisor seguía lleno de polvo y el cliente se quejó de ello. Me dio mucha vergüenza. Sé que tenías otras cosas que hacer, pero mi trabajo es lo que paga el apartamento».

Charlotte se apresuró a defenderse: «¡Parece que buscaban una razón para molestarse! Me olvidé de limpiar el televisor, pero todo lo demás estaba impecable, ¿no?».

Pero Emma no quería entender. «No sé por qué te cuesta tanto aceptar cuando te equivocas. Metiste la pata y no hay nada que discutir.

Ahora ni siquiera sé si vivir juntas fue la decisión correcta».

Sintiéndose derrotada y no queriendo molestar más a su hermana, Charlotte simplemente se disculpó y se fue. La discusión fue totalmente improductiva y la relación entre las hermanas se deterioró durante semanas. Para entender realmente lo que ocurrió aquí, vamos a analizar cada punto de discusión como si estuviera formada por discusiones más pequeñas.

¿Qué ocurrió realmente?

La mayoría de las discusiones estallan porque las partes implicadas no están de acuerdo sobre lo que pasó. ¿Quién tiene razón? ¿Era realmente tarea de Charlotte limpiar a fondo todo el apartamento? ¿Emma se hacía pasar por el sostén de la familia para intimidar a su hermana? ¿De quién es la responsabilidad del mantenimiento del apartamento?

La verdad objetiva: ¿quién tiene razón?

Durante las discusiones, la gente se obsesiona demasiado con quién tiene la razón «objetivamente» e intenta convencer a la otra parte de que tiene razón. En realidad, las discusiones no suelen tratarse de hechos. Charlotte y Emma estaban de acuerdo en que el televisor tenía polvo. En lo que no estaban de acuerdo era en si la reacción era justificada. Las discusiones tienen que ver con percepciones opuestas y no hay un juicio claro «correcto o incorrecto» que se pueda emitir al respecto.

Qué hacer al respecto

Libérese de la tarea imposible de determinar quién tiene realmente razón. Aunque pudiera, no se trata de eso. Cuando se enfrente a la necesidad de emitir un juicio, piense en los hechos reales y en si no está de acuerdo con los hechos o con su percepción de los mismos.

Absténgase de afirmar que sus sentimientos y su percepción son «la verdad». Puede que sean su verdad, pero no son la verdad universal. Cada parte aporta sus propias percepciones. Lo más probable es que tenga mucho que aprender de la otra persona, y ella también de usted. Concéntrese en ver el argumento desde el punto de vista de la otra persona e intente comprender cómo lo vivió.

Intención: ¿por qué ha dicho eso?

Las intenciones de una persona influyen mucho en lo que pensamos de ella, a pesar del resultado final de sus acciones. El hecho de que alguien piense mal de usted también influye en el desarrollo de una discusión con esa persona. ¿Charlotte no dio suficiente importancia a la súplica de Emma? ¿Mencionó Emma que no estaba segura de su decisión de vivir con Charlotte porque quería amenazarla sutilmente, para dejar clara su opinión, o simplemente lo dijo por la rabia?

El error número uno es asumir que sabemos cuáles son las intenciones de alguien. De hecho, no se puede saber. Como humanos, tenemos que hacerlo hasta cierto punto, pero hay un exceso cuando la intención imaginaria de alguien hace descarrilar toda una conversación.

La gente puede actuar con buenas intenciones y aun así causar daños irreparables. Pueden actuar con intenciones contradictorias por razones desconocidas incluso para ellos. Pueden tener malas intenciones de las que no somos conscientes. Según un estudio, las intenciones explican alrededor del 28 % de la variación en el comportamiento futuro.

Qué hacer al respecto

Sea consciente de que no puede saber lo que pasa por la cabeza de la otra persona. La gente muestra sus intenciones a través de las acciones, pero lo que puede ser claro y obvio para usted, puede ser una conjetura total para otra persona.

Más que en la intención, céntrese en el impacto. Averigüe cómo han afectado sus palabras a la otra persona y hágale saber cómo le han afectado a usted las suyas. Pregúntele qué estaba pensando en ese momento y si el impacto causado se correspondía con lo que realmente quería decir.

El juego de las culpas: ¿de quién es la culpa?

A nadie le gusta que le echen la culpa. La gente hace todo lo posible para no cargar con la culpa, arriesgando mucho más de lo imaginado. A nadie le gusta que le echen la culpa, no solo porque no se siente bien, sino también porque no cree que todo sea culpa suya. La verdad es que no lo es.

Charlotte pensaba que Emma le pidió que lo dejara todo para ayudarla con poca antelación, e hizo su parte, así que no tiene la culpa.

Emma pensó que, como Charlotte asumió la responsabilidad de limpiar el apartamento, la culpa era de ella si no se hacía a la perfección.

En una posición neutral, es fácil ver cómo ambas contribuyeron al problema. Cuando somos participantes, las emociones están a flor de piel y no es fácil admitir los errores. Hablar de culpas no solo es inútil, sino que es una forma segura de enfadar aún más a la otra parte.

Qué hacer al respecto

Cuando piensa en términos de «es él o yo», se pierde la visión de conjunto. No todo es culpa suya ni de la otra persona. En lugar de intentar que la parte «culpable» admita su culpa, entienda que la discusión tuvo lugar entre dos personas. Ambos contribuyeron a ella de distintas maneras.

¿Qué hacer con todos estos sentimientos?

Los sentimientos siempre son confusos. Por desgracia, las discusiones entre personas casi siempre tienen que ver con los sentimientos. Cuando los sentimientos afloran en una discusión, la gente casi siempre los rehúye porque nublan el juicio objetivo.

Mostrar abiertamente sus sentimientos puede llevar a la gente a creer que es demasiado emocional o demasiado sensible. Para muchos de nosotros, llevar el corazón a flor de piel es arriesgado. Si ya se ha quemado antes, mostrar abiertamente su vulnerabilidad parece una tontería.

¿Y si los deja de lado? ¿Y si sus sentimientos hieren a alguien a quien no pretendía herir? ¿Realmente está preparado para afrontar lo que la otra persona siente por usted? Por eso la gente es cautelosa a la hora de meterse en el terreno de los sentimientos durante las discusiones.

Por muy turbios que sean los sentimientos, hay que zambullirse en ellos si se quiere resolver una discusión desagradable. «… Estoy muy estresada por esto, así que por favor déjalo presentable» muestra la ansiedad, frustración e inquietud de Emma. «¡Parece que buscaban una razón para molestarse!…», muestra la incredulidad, el dolor y el enfado de Charlotte. Estos sentimientos eran el centro de la discusión y, sin embargo, nunca se habló de ellos.

Si es de los que se dejan llevar por sentimientos de rabia y dolor durante una discusión, bombardear a la otra persona con ellos tampoco es la solución. A pesar de lo que la otra persona haya podido hacer para provocarlo, sus sentimientos son su responsabilidad. No está bien bombardear injustamente a alguien con sus sentimientos, pase lo que pase.

Qué hacer al respecto

En primer lugar, no tiene por qué reaccionar con el primer sentimiento. Si su reacción inmediata a las palabras de alguien es de enfado, no tiene por qué demostrarlo enseguida. Tómese unos segundos para reflexionar y debatir si ese enfado va a encauzar la conversación en la dirección correcta.

Antes de determinar qué va a hacer en el futuro o cómo va a solucionar el problema, debe haber una conversación sobre los sentimientos. Exprésese con calma y racionalmente y deje que la otra persona también exprese sus sentimientos. Escuche sin juzgar y reconozca que los sentimientos del otro son tan reales como los suyos.

¿Qué dice esto sobre quién es?

Cuando discute con alguien exteriormente, también está discutiendo por dentro. Discutir con alguien, especialmente con alguien a quien se tiene en alta estima o se respeta, puede afectar drásticamente la autoestima. Tanto si «pierde» como si «gana», una discusión también afecta la imagen que tiene de usted mismo.

La imagen de Charlotte como hermana pequeña servicial que se gana el sustento en el apartamento está en juego. La imagen de Emma como hermana mayor, severa pero justa, que mantiene a su familia sin que nadie se aproveche de ella, está en juego. ¿Y si la otra parte tiene buenas razones para pensar que no es como se presenta? Lo que realmente está en juego es su propia imagen.

Qué hacer al respecto

Comprenda que ese pensamiento de todo o nada (soy útil o inútil, soy severo o un pusilánime) es erróneo. No sirve para nada. Construye una imagen más compleja de usted mismo. A veces, tendrá que actuar «fuera de personaje». No pasa nada, porque no es un personaje de una obra de teatro, sino un ser humano complejo.

Cuando se dé cuenta de esto sobre usted mismo, entienda que a la otra persona se aplica lo mismo. Manténgase firme en lo que cree que es, pero no se asuste si tiene que dejarlo por un momento.

¿Y si no quiere discutir?

La primera pregunta que debe plantearse ante una posible discusión es *si vale la pena entablarla.* No tiene que malgastar energía en cada desacuerdo, pero no confrontar y complacer a la gente hasta el extremo es muy poco saludable.

Si alguien o algo le molesta y sigue discutiendo con usted mismo si exteriorizarlo o no, probablemente debería hacerlo. Sigue discutiendo porque, en el fondo, sabe que, si se queda callado, lo darán por sentado. Sus sentimientos de inseguridad se irán enconando y la persona con la que está enfadado ni siquiera tendrá la oportunidad de arreglar nada.

Por otro lado, si se mete en una discusión ya existente o empieza una nueva, puede agravar el problema. La otra parte puede enfadarse aún más y los sentimientos de ambos pueden resultar heridos, a pesar de las intenciones de cualquiera. Incluso puede causar daños irreparables en la relación entre ambos.

Discutir no debería ponerlo tan nervioso. La confrontación siempre es un reto que conlleva sentimientos incómodos, pero no se puede mejorar sin practicar. Cuando haya un problema, hable. De todos modos, no vale la pena mantener la paz con tácticas a corto plazo en una relación que se desmorona.

¿Qué es lo que realmente lo frena?

No enfrentarse a un problema no hace que este desaparezca, así que hay otras motivaciones que nos hacen optar por evitar la confrontación. Enfrentarse a alguien es peligroso, así que nos negamos a nosotros mismos el permiso para discutir. El silencio parece seguro, pero en realidad no lo es. Analice lo que se está diciendo a usted mismo cuando afirma que discutir siempre es malo.

No me gusta discutir

A la mayoría de la gente tampoco. Pero tiene que discutir si no lo están respetando, lo están ignorando o están reprimiendo activamente su voz. Tiene que adoptar una postura porque es algo saludable.

Tengo miedo de alienar a las personas con las que discuto

El miedo es una emoción sumamente útil. Significa que está cuidando de usted mismo y de sus seres queridos. Es muy poco probable que aleje a sus seres queridos con una discusión, y mucho más probable que ya lo esté haciendo al no darles la oportunidad de hacer lo correcto por usted. Acepte su miedo y enfréntese a él.

No soy bueno defendiendo mis argumentos

Argumente desde su propia autoridad, y con eso basta. Aunque una discusión parezca una batalla campal, no lo es. Así que, ¿por qué debe exponer su punto de vista a la perfección? Tampoco conseguirá nada bueno sin práctica, así que defienda su punto de vista y confórmese con él.

En las discusiones se trata de ganar y eso no me gusta.

«Ganar» una discusión puede ser diferente para cada persona, aunque suele significar conseguir lo que se quiere. Al fin y al cabo, las discusiones se utilizan para lograr un cambio, y ganar una discusión significa que se producirá el cambio deseado. Al final de una discusión productiva, es posible que su percepción de «ganar» haya cambiado y que «ganar» sea encontrar a la otra persona en el medio.

¿Cómo puedo discutir con alguien que tiene poder sobre mí?

Lo primero que debe entender sobre el poder es que es imaginario. El poder que alguien tiene sobre usted es el que usted imagina que tiene. Es un obstáculo mental que se impone usted mismo.

Puede que piense así cuando debe enfrentarse a su jefe o a sus padres por algo, pero todo jefe necesita trabajadores y todo padre necesita que sus hijos sean quienes son. Todo poder se origina en su interior.

Cuando soy honesto y sincero, no me toman en serio

Ser honesto y mostrar sus verdaderos sentimientos siempre aumenta su credibilidad. Como ya se ha dicho, los sentimientos son el centro de la cuestión. Si oculta sus verdaderos sentimientos significa que está trabajando activamente contra usted mismo. Si es honesto sobre sus sentimientos, quizá no le crean por algún otro error que haya cometido inconscientemente.

Según mi experiencia, decir la verdad es peligroso

Esto no es un axioma aplicable a todas las discusiones. Si se siente así, es más indicativo de sus relaciones que de una verdad universal. Decir la verdad no debería ser peligroso. Analice si corre algún peligro real por decir la verdad o si emite ese juicio por una mala experiencia del pasado.

Siempre gritamos y al final nadie gana

Normalmente, si se grita mucho, se escucha muy poco. Si empieza a escuchar, ya está ganando. Siempre hay emociones vulnerables escondidas justo debajo de la ira o el juicio. ¿Qué dolor impulsa esta discusión? Escuche y haga preguntas. El momento de contar su versión de los hechos no es cuando lo están insultando.

¿Y si me enfrento a un muro de prejuicios?

Aunque todos tenemos prejuicios, ciertas ideas preconcebidas pueden estar grabadas en piedra para algunas personas. Cuando se da cuenta de esto, se puede sentir como si estuviera discutiendo con un muro de ladrillos. Si tiene la sensación de que nada de lo que dice consigue llegar, puede que su «victoria» sea llevarse esta experiencia y retirarse.

Los prejuicios se construyen por interés propio y el razonamiento no funciona contra esto. Lo que puede funcionar es hacer que la otra persona crea que usted también está argumentando en su propio interés. Si no, sea consciente de los prejuicios de la otra persona y retírese a tiempo. Si la razón triunfara sobre todo, no existirían los prejuicios.

¿Cómo empiezo a formular un argumento?

No hace falta sacar papel y bolígrafo para formular un argumento. De todos modos, cuando se está discutiendo, eso es imposible. Si le faltan las palabras, intente estructurar su argumento como si fuera una historia.

Los humanos estamos predispuestos a escuchar historias. De hecho, los campeones mundiales de memoria son capaces de recordar un número asombroso de secuencias y hechos no relacionados entre sí simplemente construyendo historias a su alrededor. A las personas nos gustan mucho las historias, así que estructure su argumento como si fuera una.

Si quiere llamar la atención sobre las consecuencias, empiece por el final. De lo contrario, nunca es mala idea empezar una historia por el principio.

¿Cuándo tirar la toalla? Lo que se puede cambiar y lo que no

Participar en todas las discusiones es agotador, tanto emocional como mentalmente. A medida que se encuentre con más y más discusiones, se dará cuenta de que algunas de ellas son difíciles, más allá de su recompensa. Puede que la otra persona esté actuando a propósito para molestarlo o sacarlo de quicio, que sus prejuicios sean demasiado para lidiar con ellos o que no esté dispuesto en absoluto a mostrarle sus verdaderos sentimientos.

Puede controlar su propia reacción a esta información, pero no puede controlar nada de lo que diga o haga la otra parte. Los límites dependen de cómo se sienta usted. Al principio, puede que sea antes de lo que le gustaría. Sea realista. Es de esperar cierta incomodidad, pero las soluciones a corto plazo están bien para las discusiones que no parecen tener fin.

En una discusión sana, las dos partes están en el mismo equipo. Escuche, comparta sus sentimientos y sienta siempre curiosidad por lo que la otra persona está experimentando y por su punto de vista.

Capítulo 10: 23 estrategias para terminar una conversación sin problemas

Las conversaciones pueden tener lugar en cualquier lugar: en un evento, en una tienda, mientras conduce, por teléfono, a través de una videollamada, etc. Además de iniciar una conversación, es fundamental tener siempre un plan de salida sólido que no dé la impresión de que tiene prisa, de que ya no le importa o de que nunca le interesó. Saber terminar una conversación es tan importante como saber empezarla.

Las conversaciones pueden tener lugar en cualquier sitio: en un evento, en una tienda, mientras conduce o por teléfono

https://www.pexels.com/photo/photo-of-men-having-conversation-935949/

Si empieza una conversación de forma positiva y la termina bruscamente, puede deshacer todo el trabajo hecho y poner a la otra persona de mal humor. Intente terminar bien las conversaciones para dejar una impresión positiva y aumentar sus posibilidades de volver a hablar con esa persona. Cada conversación tiene un final diferente, así que familiarícese con todas las opciones.

Deje una impresión duradera. La gente lo recordará si termina una conversación causando una buena impresión. A veces las conversaciones pueden volverse incómodas, por lo que saber cómo salir de ellas es una habilidad muy útil. Debe terminar con elegancia en cuanto sienta que la conversación ha llegado a su límite.

Cuando se dé cuenta de que está aburrido, es mejor dejar de hablar. A veces, cuando ya no tiene nada más que decir termina diciendo cosas que están fuera de lugar o empieza a repetirse. Cuando una interacción llegue a su punto álgido y empiece a decaer, márchese para terminarla profesionalmente. Esto hará que la gente quiera más de su tiempo. En lugar de esperar a que las cosas se pongan incómodas, debe terminar con una sensación de entusiasmo.

¿Qué provoca un final de conversación incómodo?

Cuando una conversación se ralentiza hasta el punto de que cada persona solo habla una vez cada treinta segundos, es probable que esté llegando a su fin. No está bien cuando no hay nada más que decir y uno de los dos se separa físicamente del otro por aburrimiento.

Es una señal de advertencia, de que la conversación no va a ir bien, cuando no está seguro de cómo terminarla, pero intenta frenéticamente pensar en algo que decir hasta que alguien más interviene. Causar un gran impacto de inmediato y luego esperar hasta que la energía casi se haya agotado no es una buena manera de terminar una conversación. Tanto si ha empezado bien como si no, debe terminar bien. Alegrarse de que una conversación haya terminado indica que no ha ido bien. Cuando no hay entusiasmo (y además hay un lenguaje corporal negativo) las conversaciones son difíciles.

Cómo terminar una conversación con buen sabor

Si ha tenido un impacto positivo en la otra persona durante la interacción, esfuércese por mantener el impulso con una salida enérgica. Tiene una oportunidad más de influir en cómo se siente la otra persona al final de la conversación. Ha hecho bien si la interacción solo produjo sentimientos positivos. Tenga un plan sobre cómo quiere que termine la conversación, por ejemplo: «Ha sido un placer hablar contigo, espero volver a verte», o «Me alegro de que nos hayamos conocido», o «Estoy deseando tener más reuniones como esta, pero ahora tengo que hacer algo». Sin una estrategia de salida sólida, es imposible dejar una impresión positiva.

Estrategias de fin de conversación para diversas situaciones

En conversaciones informales o de trabajo, considere las siguientes opciones para salir, ya que harán que la otra persona lo recuerde positivamente. Si está hablando con un amigo, un conocido, en una reunión social, en una fiesta, o con un desconocido en la carretera, puede utilizar cualquiera de estas opciones para terminar la conversación.

1. Pregunte por sus planes de futuro

Hable de un plan futuro, como una ocasión que se haya mencionado durante la conversación. Pregúntele si tiene previsto hacer algo durante el fin de semana. Esto implica dirigir los temas finales de la conversación en la dirección que quiere que tomen. Estará abierto a sus comentarios finales, porque hablar de sus planes de futuro lo pone en un estado de ánimo positivo. «Pásalo muy bien con los planes XYZ» es una buena nota para terminar la conversación. Habrá conseguido que sienta que le preocupan sus planes de futuro y que hable de ello después de la conversación.

2. Propóngale verse más tarde

Ofrézcase a pasar tiempo con esa persona más tarde. Cuando hable con un amigo o compañero de trabajo, puede preguntarle si le gustaría ir a comer con usted, y si acepta, habrá creado con éxito una vía para compartir intereses mutuos. Puede terminar la conversación diciendo:

«Me gustaría continuar esta conversación durante nuestro almuerzo». Se irá feliz anticipando el almuerzo y sintiéndose bien por la conversación con usted.

3. Parezca desinteresado

Si es el oyente y quiere terminar una conversación, mire a lo lejos en lugar de mirar directamente al interlocutor. La mayoría de los oradores esperan que les mire de vez en cuando para demostrar su interés por lo que están diciendo, y si aparta la mirada durante demasiado tiempo, es probable que capten el mensaje. A veces es difícil expresar su desinterés en una conversación y tiene que lanzar un mensaje indirecto y esperar que el interlocutor lo capte.

4. Haga una insinuación de partida

En el clímax de la conversación, cuando note que la energía disminuye, prepare la mente de su interlocutor para esperar un final en cualquier momento diciendo: «Una última cosa antes de irme». Como le ha informado de antemano, no tendrá la impresión de que está siendo maleducado. Aunque siga hablando durante un rato, ya es consciente de su intención de poner fin a la conversación en algún momento cercano.

5. Haga como si estuviera hablando con el anfitrión

Si inicia una conversación con alguien en un evento, puede utilizar al anfitrión como táctica de salida. Si el evento es grande, será visto como alguien popular. Termine la conversación diciendo: «Me he dado cuenta de que no he saludado al anfitrión. Debería irme ya. Ha sido un placer conversar». Puede usar esto con amigos o desconocidos para escapar de una situación incómoda y tomar un poco de aire fresco.

6. Señale la salida con los dedos de los pies

Esta estrategia funciona si el interlocutor se da cuenta de la indirecta. Los dedos de los pies apuntando hacia la salida indican que quiere irse y, con suerte, el interlocutor capta su indicio. Esta estrategia tiene un impacto bajo, porque no todo el mundo entenderá el mensaje que quiere transmitir y muchos lo ignorarán en un intento de seguir aburriéndolo con la charla.

7. Distánciese

Sepárese físicamente del interlocutor, pero de forma gradual y paso a paso. El interlocutor pronto se dará cuenta de que quiere estar en otro sitio y lo dejará ir. Si sigue hablando, siga poniendo distancia entre ustedes hasta que le resulte difícil comunicarse con usted. Esta es una forma sutil de decir que quiere irse sin decirlo realmente.

8. Termine con un resumen de su historia

Durante la conversación, preste atención a la gran/incómoda/impresionante/graciosa historia memorable de la otra persona y recuérdela cuando quiera terminar la conversación. Esto reavivará las emociones de la otra persona mientras expresa su gratitud por compartirla. Termine la conversación diciendo: «Me alegro mucho de que nos hayamos conocido. Te agradezco por compartir esta bonita historia; me pude identificar con ella. Fue fantástico». Recordar una historia le dice que estaba prestando atención y no se sentirá incómodo cuando usted cierre la conversación.

9. Aproveche su reloj de pulso

No deje de mirar el reloj para transmitir el mensaje de que tiene prisa. Una señal no verbal puede ser fácilmente ignorada por un interlocutor testarudo, pero puede dejarla más clara mencionando la hora. La conversación podría terminar con algo como: «Vaya, el tiempo pasó volando y yo no me di cuenta. Ya se está haciendo tarde. Ha sido un placer conocerte». Ahora puede alejarse sin sentirse incómodo.

10. Establezca un límite de tiempo

Una versión más sutil de consultar el reloj es informarle al otro que se marchará en unos minutos. Esto es similar a establecer un límite de tiempo en la conversación y mantener informadas a todas las partes. Al decir: «Tengo que irme dentro de unos minutos, aunque me habría encantado escuchar más historias», le habrá dicho que su tiempo es limitado y que tiene que poner fin a la conversación.

11. Discúlpese

Decir «Permiso, disculpa» pondrá fin a una conversación. No tiene que explicar por qué necesita que lo disculpen. O necesita hablar con otra persona o ir a otro sitio. En cualquier caso, al excusarse ha dejado claro su deseo de marcharse.

12. Aproveche la presencia de su familia o amigos

Señalar a un amigo o conocido también puede poner fin a la conversación. La otra persona puede sentirse menos importante o interesante por ello, pero usted no tiene ninguna obligación de dar explicaciones. Diga: «Ahí está mi amigo. Aunque me ha gustado nuestra conversación, tengo que ir a verlo».

13. Envíe sus saludos a un amigo común

¿Es una conversación con un amigo? Si ha mencionado a un pariente, amigo o conocido durante la conversación, puede aprovechar esto para sacar una conclusión. Simplemente dígale que le envíe un saludo a esa persona, diciéndole: «¡Tengo que irme, pero no te olvides de saludar a nuestro amigo de mi parte!».

14. Discúlpelo

Si se encontró con la persona mientras ella estaba haciendo algo y la interrumpió con una conversación, termine la conversación excusándose y permitiéndole continuar con sus quehaceres. Diga algo como: «Ha sido un placer hablar contigo. Ahora debería dejarte terminar tus quehaceres».

15. Use el apretón de manos

Sorprendentemente, los apretones de manos también se utilizan para terminar conversaciones. Se puede empezar y terminar una conversación con un apretón de manos, pero debe esperar a que sea aceptado. Plantéese preguntar a alguien por una dirección y, cuando haya terminado, ofrézcale un apretón de manos y dele las gracias. Aunque depende de la situación y de las personas implicadas, esta es una forma profesional de terminar una conversación.

16. Mire a su alrededor en busca de inspiración

Mire a su alrededor en busca de una pista que le ayude a salir de una conversación. Puede ser la comida que está ingiriendo, que le recuerda la cena que tiene que preparar en casa, o puede ser un tren que se acerca y al que debe subir. Puede decir: «Es el próximo tren. No debería perder este para no llegar tarde a casa». Mire a su alrededor sea cual sea la señal.

17. Tome asiento o dé un paseo

Si mantiene la conversación de pie, pida que se sienten para terminarla. Si lleva un rato sentado, también puede pedir estar de pie o dar un paseo. La idea es utilizar lo contrario de lo que está haciendo como excusa para terminar la conversación. Termine la conversación con «¡Vaya! Llevamos mucho tiempo de pie. Voy a sentarme. Me ha gustado mucho nuestra conversación». En situaciones como esta, el alivio es comprensible.

18. Utilice el hogar como estrategia de salida

Puede utilizar el deseo de volver a casa como estrategia de salida. Cualquier justificación para su precipitado regreso debe ser relacionable y plausible. Puede ser para ayudar a su pareja, para hacer una parada en la tienda y llevar algo que su padre necesita o para llegar pronto a casa, antes de que sus seres queridos se preocupen. La conversación concluye con: «¿Ya es tan tarde? Tengo que irme antes de que mis padres se preocupen». No mienta, porque puede volver a encontrarse con su interlocutor si no va realmente para casa.

19. Llame por teléfono

Las llamadas telefónicas pueden acudir en su rescate cuando necesite terminar una conversación sin problemas. Puede llamar a un amigo, a un familiar o a un colega. Debe concluir la conversación diciendo: «Me habría encantado seguir charlando, pero tengo que llamar a alguien ahora mismo. Espero que podamos hablar más tarde».

20. Intercambie información de contacto

¿Es un evento de trabajo para profesionales? Entonces ya debería haber intercambiado información de contacto, que puede utilizar para terminar la conversación, diciendo: «Ha sido un placer hablar con usted. Le enviaré un correo electrónico». Esto genera mucha ilusión, expectativa y emoción.

21. Agradezca

«Gracias» es una forma sencilla de terminar una conversación sin arruinar el ambiente. Haga contacto visual directo mientras lo dice con sinceridad. Recuerde que sus emociones pueden verse a través de su mirada, así que sea sincero en su agradecimiento. Concluya la conversación con un «Gracias por charlar; ya me tengo que ir. Adiós».

22. Gestos en el trabajo

En el lugar de trabajo, se pueden utilizar gestos en lugar de palabras para poner fin a las conversaciones. Puede acercarse a la puerta de salida y sujetar el picaporte para indicar que desea marcharse. Alternativamente, camine con la persona hacia su despacho o escritorio en lugar de ofrecerle asiento en el suyo. Pregúntele si pueden charlar más tarde porque tiene asuntos pendientes que atender antes. Ofrézcase a continuar la conversación después de comer, o recuérdele amablemente el trabajo que tiene pendiente y recomiéndele que siga su camino. En un entorno tan acelerado como el mundo laboral, es fácil captar las pistas y terminar las conversaciones sin sentirse incómodo o estresado.

23. Diga que se está quedando sin batería

Si está en una llamada o videollamada, puede terminarla rápidamente diciendo que le queda poca batería, que necesita contestar otra llamada o que la conexión es mala, así que volverá a llamar más tarde. Diga que no puede hablar mientras conduce y prometa que devolverá la llamada. Cuando quiera terminar bruscamente una videollamada o una llamada telefónica, diga siempre que llamará más tarde. Una vez terminada la agenda de la llamada, despídase y agradezca a la otra parte.

Cuando termina bien las conversaciones, puede dejar un recuerdo imborrable y entablar amistades increíbles, esté donde esté y hable con quien hable. Si su estrategia de salida complementa a su interlocutor y hace que la persona se sienta memorable y querida, habrá hecho una gran salida. Una estrategia de salida sencilla para conseguirlo es «Ha sido maravilloso hablar contigo. Me acordaré de ti». Este cierre de conversación calentará el corazón de cualquiera que lo escuche.

Cómo terminar una conversación con un charlatán

Incluso cuando no está prestando atención, este tipo de persona es capaz de hablar hasta la saciedad. Parece que prefieren hablar y que se escuchen sus opiniones. No le dé a un compañero de trabajo la oportunidad de acomodarse en su charla. Recuérdele que tiene una tarea que hacer y dígale que pueden retomar la conversación cuando tengan tiempo. Es más fácil poner fin a las conversaciones con compañeros de trabajo utilizando gestos para indicar que está ocupado o acomodándose cerca de la puerta, dispuesto a marcharse en cuanto pueda.

Si conoce a un desconocido y resulta ser un charlatán, puede fingir una llamada telefónica para que deje de hablar y, al mismo tiempo, tener la oportunidad de escapar. Mire hacia otro lado y rara vez responda a lo que le dice. Con suerte, captará el mensaje y pondrá fin a la conversación. Puede ser difícil terminar conversaciones sin parecer grosero cuando usted es quien escucha. Cuando hayan fracasado todos los métodos para terminar con el charlatán, puede recurrir a la estrategia del silencio. Calle y él dejará de hablar cuando no le responda.

Cómo terminar una conversación cuando alguien muestra desinterés

Como interlocutor, debería ser capaz de darse cuenta de cuándo su interlocutor ha perdido el interés en la conversación. Una forma es observar su lenguaje corporal. Los signos de aburrimiento incluyen pérdida de concentración, contacto visual y distracción, claras señales de que ha llegado el momento de terminar la conversación.

En situaciones como esta, utilice alguno de los siguientes métodos para poner fin a la conversación sin perder un ápice de dignidad.

- Agradezca el tiempo del otro y despídase. Sea sencillo y directo.
- Pida ir al baño. También es una forma fácil si está en un lugar con baño.
- Excuse a la persona para que vuelva a lo que estaba haciendo cuando la encontró.
- Haga rápidamente una llamada telefónica y discúlpese. Las llamadas telefónicas ayudan a muchas personas a terminar conversaciones, especialmente las aburridas.
- Elogie algo de la persona, como su sonrisa o su peinado, y pida marcharse inmediatamente.

Imagínese disfrutando de una deliciosa comida y luego comiendo un postre horrible. Lo primero que recordará no será la comida, sino el postre. Esto es comparable con una conversación en la que la primera impresión es positiva, pero el final no fue igual. Las malas primeras impresiones pueden salvarse si deja una gran última impresión. Si entabla una conversación, prepare de antemano una vía de escape. Deje de hablar cuando el otro esté emocionado e interesado. Tendrá más posibilidades de volver a encontrarse con él y charlar si termina la conversación con un apunte positivo.

Una estrategia global de salida, independientemente de lo que se haya hablado o de dónde tenga lugar la conversación, es dar las gracias a su interlocutor por su tiempo y decirle que está deseando verle más tarde. Puede decir cosas como: «Me ha gustado hablar contigo. Espero volver a hacerlo en otra ocasión», «Ha sido un placer volver a verte, gracias por venir» o «Agradezco que nuestros caminos se hayan cruzado».

Conclusión

Mejorar sus habilidades de comunicación eleva varios aspectos de su vida profesional y privada. La comunicación eficaz permite comprender acontecimientos, personas y situaciones con éxito sin dejar mucho margen a interpretaciones erróneas. Los buenos comunicadores se adaptan bien a entornos diversos y se llevan bien con la gente. También son capaces de cultivar el respeto mutuo y la confianza con quienes les rodean, así como de crear un espacio saludable para la resolución de problemas y la generación de ideas innovadoras.

Existe la creencia generalizada de que la productividad de los empleados mejora si se fomenta una buena comunicación en toda la organización. Mucha gente piensa que interactuar con los demás es fácil, especialmente quienes nunca han interactuado con alguien de un entorno diferente o con opiniones y creencias significativamente distintas. Siempre existe la posibilidad de que se produzca una desconexión en el entendimiento mutuo, que puede llegar al punto de ebullición y desatar la ira y el conflicto. Sin embargo, trabajar en sus habilidades comunicativas ayuda a comunicar su punto de vista y a procesar el de los demás manteniendo la cabeza y las emociones bajo control.

Ser un excelente comunicador siempre lo hará valioso. Sin embargo, es una habilidad especialmente crucial en la era moderna. Todos los días consumimos una gran cantidad de información mientras hablamos con otras personas, navegamos por las redes sociales, vamos de compras, vemos televisión o hacemos recados. Tener buenas habilidades de comunicación permite sentirse menos abrumado porque ayuda a descodificar los mensajes que llegan. La comunicación no consiste solo en compartir y enviar información. También tiene mucho que ver con la forma en que se recibe, se procesa y se reacciona ante ella, y permite comprender las emociones que hay detrás de los mensajes superficiales.

Una comunicación sólida enriquece las relaciones personales y profesionales. Hace tomar mejores decisiones y anima a transigir en situaciones difíciles. Ser capaz de expresarse y decir lo que se piensa con facilidad aumenta la confianza y la asertividad.

Los mejores comunicadores suelen ser los primeros en proponer soluciones. Son defensores e iniciadores del cambio, inspiran y motivan a quienes les rodean. Por eso, la falta de habilidades comunicativas puede ser un factor decisivo en el entorno laboral. También puede poner en peligro las relaciones.

Mientras que algunas personas tienen talento y son elocuentes como oradores, otras necesitan más práctica para hacer llegar sus mensajes al público. Aunque requiere mucho tiempo y esfuerzo, cualquiera puede convertirse en un excelente comunicador si se lo propone. Ahora que ha leído este libro, ya sabe cómo entablar conversaciones, escuchar activamente a la gente, mejorar su inteligencia social, dominar el arte de contar historias y mejorar su oratoria. Este libro es la clave para mejorar las habilidades comunicativas y conseguir interacciones eficaces. Aplicar los conocimientos que proporciona esta guía le ayudará a evitar malas interpretaciones y a mejorar todas sus relaciones. Cuanto mejores sean sus habilidades comunicativas, mayores serán los niveles de confianza y respeto mutuos que obtendrá en sus interacciones.

Vea más libros escritos por Andy Gardner

Referencias

¿Qué son las habilidades de comunicación? Tipos e importancia de las habilidades de comunicación ASM IBMR

Siete tipos de habilidades comunicativas (verbales y no verbales). (2022, 2 de febrero). CourseMentorTM. https://coursementor.com/blog/types-of-communication-skills/

Centro de Desarrollo de Habilidades en Inglés Americano. (2022, 5 de abril). Cuáles son los beneficios de las habilidades de comunicación efectiva. Linkedin.com. https://www.linkedin.com/pulse/what-benefits-effective-communication-/?trk=organization-update-content_share-article

CLIMB Desarrollo profesional, y formación. (2019, 9 de julio). Los siete beneficios de la comunicación efectiva en el ámbito personal y profesional. Pcc.edu. https://climb.pcc.edu/blog/the-7-benefits-of-effective-communication-in-personal-and-professional-settings

Cinco tipos de comunicación. (2018, 12 de julio). Graduate College de la Universidad de Drexel. https://drexel.edu/graduatecollege/professional-development/blog/2018/July/Five-types-of-communication/

Caputa, P. (2018, 23 de abril). La escucha activa en ventas: Guía definitiva. HubSpot. https://blog.hubspot.com/sales/active-listening-guide

Ld, C. (2012, 3 de mayo). La comunicación exitosa es una calle de doble sentido. Catalyst Learning & Development. https://cbduk.wordpress.com/2012/05/03/successful-communication-is-a-two-way-street/

Saha, S. (s.f.). Escucha activa: ¿Qué importancia tiene esta habilidad en la tutoría? Mentoringcomplete.com

Carpenter, D. (2015, 25 de noviembre). Tres maneras de construir empatía real por los demás en su vida. Verywell Mind. https://www.verywellmind.com/how-to-develop-empathy-in-relationships-1717547

Cherry, K. (2006, 8 de septiembre). ¿Qué es la inteligencia emocional? Verywell Mind. https://www.verywellmind.com/what-is-emotional-intelligence-2795423

Cherry, K. (2015, 5 de enero). ¿Qué es la empatía? Verywell Mind. https://www.verywellmind.com/what-is-empathy-2795562

Dial, M. (2019, 30 de julio). Cinco ejercicios cotidianos para construir empatía. INSEAD Knowledge. https://knowledge.insead.edu/career/five-everyday-exercises-building-empathy

En desarrollo profesional. (2022, 1 de abril). Tres formas en las que la inteligencia emocional mejora su comunicación. Inpd.co.uk. https://www.inpd.co.uk/blog/3-ways-emotional-intelligence-will-improve-your-communication?hs_amp=true

Jacobson, S. (2016, 5 de mayo). Conciencia emocional: qué es y por qué se necesita. Harley TherapyTM Blog; Harley Therapy. https://www.harleytherapy.co.uk/counselling/emotional-awareness.htm

Schmitz, T. (2016, 3 de junio). La importancia de la conciencia emocional en la comunicación. The Conover Company. https://www.conovercompany.com/the-importance-of-emotional-awareness-in-communication/

Turning Point Resolutions Inc. (2021, 21 de mayo). Diez consejos para mejorar su comunicación no verbal. Turning Point Resolutions Inc. https://turningpointresolutions.com/10-tips-for-improving-your-nonverbal-communication/

Clear, J. (2013, 25 de julio). Cómo tener confianza y reducir el estrés en dos minutos al día. James Clear. https://jamesclear.com/body-language-how-to-be-confident

Cherry, K. (2017, 27 de julio). Entender el lenguaje corporal y las expresiones faciales. Verywell Mind. https://www.verywellmind.com/understand-body-language-and-facial-expressions-4147228

Spence, J. (2020, 18 de febrero). La comunicación no verbal: Cómo el lenguaje corporal y las señales no verbales son clave. Lifesize. https://www.lifesize.com/en/blog/speaking-without-words/

Consejo de entrenadores de Forbes. (2018, 18 de octubre). Once formas no verbales de expresar empatía y camaradería con su equipo. Forbes. https://www.forbes.com/sites/forbescoachescouncil/2018/10/18/11-nonverbal-ways-to-express-empathy-and-camaraderie-with-your-team/?sh=7d8033605151

Barnum, C., & Wolniansky, N. (1989, junio). Claves del lenguaje corporal. Management Review, 78, 59+. https://go.gale.com/ps/i.do?id=GALE%7CA7640467&sid=googleScholar&v=2.1&it=r&linkaccess=abs&issn=00251895&p=AONE&sw=w&userGroupName=anon%7E16cb9f2b

Canada, A. (2019, 17 de abril). Comunicación efectiva: mejore sus habilidades sociales. Anxiety Canada. https://www.anxietycanada.com/articles/effective-communication-improving-your-social-skills/

Waters, S. (s.f.). Cómo causar una buena primera impresión: Consejos y trucos de expertos. Betterup.com. https://www.betterup.com/blog/how-to-make-a-good-first-impression

Consejo para jóvenes empresarios. (2019, 3 de abril). Once consejos para causar una gran primera impresión con nuevos clientes. Forbes. https://www.forbes.com/sites/theyec/2019/04/03/11-tips-for-making-a-great-first-impression-with-potential-new-clients/?sh=6b0ce195bd4f

Cómo causar una buena primera impresión: Siete consejos que realmente funcionan. (2020, 25 de noviembre). ZenBusiness Inc. https://www.zenbusiness.com/blog/seven-tips/

Svitorka, T. (2019, 28 de julio). Seis consejos de cómo dominar las charlas triviales y no volver a sentirse incómodo. Tomas Svitorka - London Life Coach. https://tomassvitorka.com/master-small-talk/

Seis consejos para dominar las charlas triviales. (2021, 18 de febrero). Make Mc Better. https://www.makemebetter.net/6-tips-to-master-small-talk/

Viktor Sander B. Sc., B. A., Morin, D. A., & Ashfield, C. (2020, 22 de octubre). Cómo entablar conversación siendo introvertido. SocialSelf. https://socialself.com/blog/make-conversation-introvert/

Thorp, T. (2020, 16 de marzo). Diez formas de profundizar su conexión con otros. Chopra. https://chopra.com/articles/10-ways-to-deepen-your-connections-with-others

Mokhtar, N. H., Halim, M. F. A., & Kamarulzaman, S. Z. S. (2011). La eficacia de la narración en las habilidades comunicativas. Procedia, Social and Behavioral Sciences, 18, 163-169. https://doi.org/10.1016/j.sbspro.2011.05.024

Nandy, P. (2017, 22 de marzo). Cinco maneras de utilizar la narración de historias para mejorar la comunicación. Com.au. https://www.insidehr.com.au/how-top-companies-use-storytelling-to-drive-results/

Parekh, D. (2019, 14 de octubre). Comunique su punto de vista contando historias. Forbes. https://www.forbes.com/sites/forbescoachescouncil/2019/10/14/communicate-your-point-of-view-through-storytelling/?sh=54821be541bf

Sundin, A., Andersson, K., & Watt, R. (2018). Repensar la comunicación: integrar la narración de historias para aumentar el compromiso de las partes interesadas en la síntesis de evidencia ambiental. Environmental Evidence, 7(1), 1-6. https://doi.org/10.1186/s13750-018-0116-4

Woodget, M. (2022, 10 de febrero). La importancia de contar historias. Go Narrative! https://www.gonarrative.com/blog/2022/2/10/the-importance-of-storytelling

Ahmed, A. (2010, 30 de julio). Procesos eficaces de comunicación en grupo. Small Business - Chron.com; Chron.com. https://smallbusiness.chron.com/effective-group-communication-processes-3187.html

Festinger, L., & Thibaut, J. (1951). Comunicación interpersonal en grupos pequeños. Journal of Abnormal Psychology, 46(1), 92-99. https://doi.org/10.1037/h0054899

Gail, C. (s.f.). Equipo de comunicación: Trabajo en equipo y colaboración efectiva. Crystalknows.com. https://www.crystalknows.com/blog/team-communication

Quinn, J. (2020, 3 de noviembre). ¿Cuánto de la comunicación es no verbal? The University of Texas Permian Basin | UTPB; The University of Texas Permian Basin. https://online.utpb.edu/about-us/articles/communication/how-much-of-communication-is-nonverbal/

Ocho miedos a hablar en público y cómo superarlos. (2016, 17 de noviembre). Sitio web de Elaine Powell: https://elainepowell.com/all-posts/8-fears-of-public-speaking-and-how-to-overcome-them/

Guía para tener confianza al hablar en público. (2021, 26 de abril). Sitio web de Throughline Group: https://www.throughlinegroup.com/resources/confidence-in-public-speaking/

Brown, M. (2011, 18 de abril). ¿Cuáles son los problemas de hablar en público? Sitio web de Pen and the Pad: https://penandthepad.com/info-8247710-problems-public-speaking.html

Expert Panel®. (2021, 15 de julio). Cómo solucionar catorce problemas para hablar en público que los profesionales suelen pasar por alto. Sitio web de Forbes: https://www.forbes.com/sites/forbescoachescouncil/2021/07/15/how-to-fix-14-public-speaking-issues-professionals-commonly-overlook/?sh=43c8a9b04c14

Genard, G. (s.f.). Diez maneras rápidas y efectivas de superar el miedo escénico. Sitio web Genardmethod.com: https://www.genardmethod.com/blog/10-fast-and-effective-ways-to-overcome-stage-fright

LaDouceur, P. (s.f.). Lo que tememos más que a la muerte. Sitio web mentalhelp.net: https://www.mentalhelp.net/blogs/what-we-fear-more-than-death/

Cooke, E. (2012, 15 de enero). Cómo las narraciones ayudan a la memoria. The Guardian. https://www.theguardian.com/lifeandstyle/2012/jan/15/story-lines-facts

Sheeran, P. (2002). Intención y comportamiento en las relaciones: un análisis conceptual y empírico. European Review of Social Psychology, 12(1), 1-36. https://doi.org/10.1080/14792772143000003

Spence, G. (1996). Cómo argumentar y ganar siempre en la casa, en la corte, dónde sea y cuándo sea. Sidgwick & Jackson.

Splitter, J., & Danielle Murphy, L. (s.f.). Cómo tener discusiones más sanas. Everydayhealth.com. https://www.everydayhealth.com/emotional-health/how-to-have-healthier-arguments-according-to-psychologists/

Stone, D. (1999). Conversaciones difíciles: Cómo discutir sobre lo más importante. Michael Joseph.

Métodos para conectar historias. (s.f.). Mindtools.com. https://www.mindtools.com/pages/article/newTIM_01.htm

Van Edwards, V. (2020, 27 de agosto). 62 maneras de terminar educadamente una conversación en CUALQUIER situación. Science of People. https://www.scienceofpeople.com/end-conversation/

Miller, K. (2021, 18 de noviembre). Doce consejos para terminar una conversación en vez de morir miles de veces durante los silencios incómodos. Well+Good. https://www.wellandgood.com/how-to-end-conversation/

Jones, B. (2017, 1 de junio). Cómo terminar una conversación: Estrategias y expresiones que puede usar. Get More Vocab; Bradford Jones. https://getmorevocab.com/strategies-expressions-ending-conversation/

Las cinco mejores habilidades comunicativas y cómo mejorarlas. (2022, 22 de febrero). Haiilo. https://haiilo.com/blog/top-5-communication-skills-and-how-to-improve-them/